豫修齋儀範
예수재의범

豫修十王生七齋儀纂要
예수시왕생칠재의찬요

編纂 海沙

운주사

일러두기

一。 본서는 대우(大愚)가 편찬한 광흥사(廣興寺)본 『예수시왕생칠재의찬요』(1576년, 略稱 『예수재찬요』)를 저본으로 하여, 용복사(龍腹寺)본 『예수시왕생생칠재의찬요』(1632년)와 안진호(安震湖) 편찬 『석문의범』(1935년), 『요집』(연도미상), 최고본 『수생경』(1469년), 동학사본 『수생경』, 고려판 『시왕경』 등을 참고하였으며, 그 외 『영산대회작법절차』(1634), 『오종범음집』(1661) 등 여타 의식문을 참고하여 적합성을 살펴 산보하였다.

一。 광흥사본 『예수재찬요』와 용복사본 『예수재찬요』는 모두 대우(大愚)가 찬술한 것이다. 그러나 두 의식문은 내용에 차이를 보인다. 광흥사본 『예수재찬요』에 수록된 예수재의문은 총 31편으로 구성되었으며, 편(篇)으로 구분 짓지 않고 주(註)를 달아 설명한 내용을 합하면 총 32편으로 볼 수 있다. 이후에 편찬된 용복사본은 총 25편으로 구성되었으며, 편(篇)으로 구분 짓지 않고 주(註)를 달아 설명한 내용을 합하면 총 26편으로 볼 수 있다.

一。 『예수재찬요』의 차이점은 설행차서(設行次序)에 따른 방법에 관한 것으로 이해할 수 있다. 광흥사본은 원칙에 입각하여 상단(성위(聖位))과 중단(명부(冥府)), 하단(고사판관(庫司判官))의 제조을 각각 소청한 뒤 상단과 중단, 하단의 제조께 각각 공양을 올리는 구성으로 짜여져 있다. 반면, 용복사본은 상단과 중단의 제조을 각각 소청한 뒤 바로 이어 상단과 중단의 제조께 동시에 공양을 올린 뒤, 하단 소청과 하단 공양의식을 거행하는 형태로

一. 구성되어 있다. 그러다 보니 광흥사본에서 상단과 중단 각각의 공양의식인 4편의 의식은 삭제되었고, 상단과 중단을 함께 공양 올리기 위한 별도의 3편의 의식문이 신설되었다. 또한 삭제된 공양의식 4편 외 5편이 삭제되었는데, 이것은 의식을 약례화 하기 위한 것으로 보인다.

一. 안진호 편찬의 『석문의범』은 총 35편으로 구성되어 있다. 광흥사본 『예수재찬요』의 32편과 용복사본 『예수재찬요』에서 새로 신설된 별도의 3편 모두가 수록되어 있으며, 1편은 새로 증편(增篇)되어 36편에 해당된다. 그러나 광흥사본 『예수재찬요』의 2편에 해당하는 내용이 1편으로 합체되어 총 35편으로 수록하고 있다. 본서는 이런 내용을 살펴 용복사본에서 의식의 약례화를 위해 새로 신설된 3편은 별편(別篇, 別第一·別第二·別第三)으로 구분하여 수록하였음을 밝힌다.

一. 예수재 시 시련, 대령, 관욕, 신중작법, 괘불이운, 설주이운 등은 재의 규모나 방법에 있어 설행(設行)할 수도 있으므로 의식문을 첨가하였으며, 시식(施食)은 보통 전시식(奠施食)을 거행하나 관음시식(觀音施食)으로도 거행할 수 있으므로 의식문을 첨가하였다.

一. 조전점안(造錢點眼)시 사용되는 진언은 『예수재찬요』를 비롯하여 『영산대회작법절차』, 『운종범음집』, 『석문의범』 등을 비교해 보았으나, 모두 일치하지 않았다. 그러므로 본서에서는 그중 서로 일치하는 진언을 위주로 채택하였음을 밝힌다.

一. 본문 사이에 작은글씨체 괄호( )의 주(註)는 참고문헌에 수록된 내용이며, 참고표시(※)의

一. 내용은 원활한 의식진행을 위해 편자(編者)가 참고사항을 적은 것이다.

一. 참고한 의식집에서는 수록되지 않았으나, 현행의식에서 거행되는 내용과 보충한 의식내용은 본문보다 열은 색으로 구분하였다.

一. 부록편 십이생상상속(十二生相續)에 관한 기록은 1469년에 간행된 『수생경(壽生經)』 최고본을 비롯하여 평안도 안국사본 『예수재찬요』(1566년), 광흥사본 『예수재찬요』(1576년), 동학사본 『수생경』(1577년), 보문사본 『수생경』(1581년), 용복사본 『예수재찬요』(1632년), 황해도 월정사본 『예수재찬요』(1639년), 계룡산 갑사본(1670년), 『석문의범(釋門儀範)』(1935년) 등 여러 불서를 대조한 바 상위(相違)한 부분이 상당하다. 예수재의문이 수록된 『예수재찬요』와 『석문의범』만을 대조해보더라도 육십 간지 중 열한 간지의 내용이 차이를 보인다. 그러므로 본서에서는 『수생경』과 『예수재찬요』의 일치한 부분을 중심으로 기록하였음을 밝힌다.

차례

● 시련(侍輦)

옹호게(擁護偈)

봉청시방제현성 奉請十方諸賢聖

범왕제석사천왕 梵王帝釋四天王

가람팔부신기중 伽藍八部神祇衆

불사자비원강림 不捨慈悲願降臨

헌좌게(獻座偈)

아금경설보엄좌 我今敬設寶嚴座

봉헌일체성현전 奉獻一切聖賢前

원멸진로망상심 願滅塵勞妄想心

속원해탈보리과 速圓解脫菩提果

헌좌진언 獻座眞言

옴 가마라 승하 사바하 (三遍)

다게(茶偈)

금장감로다 今將甘露茶

봉헌성현전 奉獻聖賢前

감찰건간심 鑑察虔懇心

원수애납수 願垂哀納受

원수애납수 願垂哀納受

원수자비애납수 願垂慈悲哀納受

행보게(行步偈)

이행천리만허공　귀도정망도정방　삼업투성삼보례　성범동회법왕궁

移行千里滿虛空　歸道情忘到淨邦　三業投誠三寶禮　聖凡同會法王宮

산화락 (三說)

散花落

※ 짓소리로 인성이를 지으며 본당으로 향한다.

나무대성인로왕보살마하살 (三說)

南無大聖引路王菩薩摩訶薩

※ 도량에 당도하여 영축게를 거행한 후 기경작법(起經作法)을 거행한다.

영축게(靈鷲偈)

영축염화시상기　긍동부목접맹귀　음광불시미미소　무한청풍부여수

靈鷲拈華示上機　肯同浮木接盲龜　飮光不是微微笑　無限淸風付與誰

보례삼보(普禮三寶)

보례시방상주불　보례시방상주법　보례시방상주승

普禮十方常住佛　普禮十方常住法　普禮十方常住僧

16

● 재대령(齋對靈)

거불(擧佛)

나무 극락도사 아미타불
南無 極樂導師 阿彌陀佛

나무 좌우보처 양대보살
南無 左右補處 兩大菩薩

나무 접인망령 인로왕보살
南無 接引亡靈 引路王菩薩

※ 대령소는 병법사문이 읽으며, 봉독 후 소(疏)를 소통(疏桶)에 넣어 영단에 놓는다.

고혼소(孤魂疏、一名 對靈疏)

(피봉식) 소청문소 배헌삼대가친등중
(皮封式) 召請文疏 拜獻三代家親等衆

석가여래 유교제자 봉행가지 병법사문 모 근봉
釋迦如來 遺教弟子 奉行加持 秉法沙門 某 謹封

수설대회소
修設大會所

開門

蓋聞

생사로암 빙 불촉이가명 고해파심 장 법선이가도 사생육도 미진즉 사의

蓋聞 生死路暗 憑 佛燭而可明 苦海波深 仗 法船而可渡 四生六道 迷眞則 似蟻

순환 팔난삼승 도 자정즉 여잠처견 상차생사 종고지금 미오심원 나능면의 비빙

巡環 八難三途 恣情則 如蠶處繭 傷嗟生死 從古至今 未悟心源 那能免矣 非憑

불력 난가초승 사바세계 모처 모산하 모사 청정수월도량 금차지극지정성 대

佛力 難可超昇 娑婆世界 某處 某山下 某寺 淸淨水月道場 今此至極至精誠 對

령천혼재자 모처거주 소천 모인영가 금즉 천풍숙정 백일명명(야루침

靈薦魂齋者 某處居住 所薦 某人靈駕 今則 天風肅靜 白日明明(夜漏沈

침) 전열향화 이신영청 나무일심봉청 대성인로왕보살마하살 우복이 일령불매

沈) 專列香花 以伸迎請 南無一心奉請 大聖引路王菩薩摩訶薩 右伏以 一靈不昧

팔식분명 귀계도량 영첨공덕 진원숙채 응념돈소 정각보리 수심변증 근소

八識分明 歸屬道場 領霑功德 陳寃宿債 應念頓消 正覺菩提 隨心便證 謹疏

불기 모년 모월 모일 병법사문 모 근소

佛紀 某年 某月 某日 秉法沙門 某 謹疏

지옥게 (地獄偈)

철위산간옥초산 화탕노탄검수도 팔만사천지옥문 장비주력금일개

鐵圍山間沃焦山 鑊湯爐炭劍樹刀 八萬四千地獄門 仗秘呪力今日開

창혼 (唱魂)

거 사바세계 남섬부주 동양 대한민국 모처 모산하 모사 청정수월도량 금차
據 裟婆世界 南贍部洲 東洋 大韓民國 某處 某山下 某寺 清淨水月道場 今此

지극지정성 ○○재시 대령재자 모처거주 모인복위 소천 모인영가 「재설・삼설」
至極至精誠 ○○齋時 對靈齋者 某處居住 某人伏爲 所薦 某人靈駕 「再說。三說」

재당 ○○재 지신 모인영가복위 위주 상세선망부모 다생사장 오족육친 원근친척
齋堂 ○○齋 至信 某人靈駕伏爲 爲主 上世先亡父母 多生師長 五族六親 遠近親戚

제형숙백 자매질손 일체친속등 각열위영가 내지 철위산간 오무간지옥 일일
弟兄叔伯 姉妹姪孫 一切親屬等 各列位靈駕 乃至 鐵圍山間 五無間地獄 一日一

야 만사만생 만반고통 수고함령등중 각열위영가 겸급법계 사생칠취 삼도팔난
夜 萬死萬生 萬般苦痛 受苦含靈等衆 各列位靈駕 兼及法界 四生七趣 三途八難

사은삼유 일체유식 함령등중 각열위영가 차도량내외 동상동하 유주무주 침혼
四恩三有 一切有識 含靈等衆 各列位靈駕 此道場內外 洞上洞下 有主無主 沈魂

체백 일체애혼불자등 각각열위열명영가
滯魄 一切哀魂佛子等 各各列位列名靈駕

착어(着語)

생본무생 멸본무멸 생멸본허 실상상주 영가 환회득 무생멸저 일구마 (양구)
生本無生 滅本無滅 生滅本虛 實相常住 靈駕 還會得 無生滅底 一句麽 (良久)

부앙은현현 시청명력력 약야회득 돈증법신 영멸기허 기혹미연 승불신력 장법
俯仰隱玄玄 視聽明歷歷 若也會得 頓證法身 永滅飢虛 其或未然 承佛神力 仗法

가지 부차향단 수아묘공 증오무생

加持 赴此香壇 受我妙供 證悟無生

※양구(良久)는 「조금 있다가」라는 의미로, 증명법사는 이때 요령을 세 번 흔들거나 금강저를 세 번 들었다 놓거나, 주장자를 바닥에 세 번 치는 등의 방법으로 영가에게 본래면목을 일깨워 준다.

진령게(振鈴偈)

이차진령신소청 금일영가보문지 원승삼보력가지 금일(야)금시내부회

以此振鈴伸召請 今日靈駕普聞知 願承三寶力加持 今日(夜)今時來赴會

보소청진언
普召請眞言

나무 보보제리 가리다리 다타 아다야 (三遍)

소청인(召請印) 두 손의 두지, 중지, 무명지, 소지를 오른손으로 왼손바닥 안으로 누르며 안으로 서로 깍지를 끼고 서로 갈고리처럼 걸듯이 바싹 쥐고 두 대지를 폈다가 위에서 아래로 내린다.

고혼청(孤魂請)

일심봉청 인연취산 금고여연 허철광대 영통왕래 자재무애 금차 지극지정성

一心奉請 因緣聚散 今古如然 虛徹廣大 靈通往來 自在無碍 今此 至極之精誠

천혼재자

薦魂齋者

모인복위 소천 모인영가 승불신력 장법가지 내예향단 수첨법공

某人伏爲 所薦 某人靈駕 承佛神力 仗法加持 來詣香壇 受霑法供

고혼청(孤魂請)

일심봉청 실상이명 법신무적 종연은현 약경상지유무 수업승침 여정륜지고하

一心奉請 實相離名 法身無跡 從緣隱現 若鏡像之有無 隨業昇沈 如井輪之高下

묘변막측 환래하란 금차 지극지정성 대령천혼재자 모인복위 소천 모인영가

妙變莫測 幻來何難 今此 至極之精誠 對靈薦魂齋者 某人伏爲 所薦 某人靈駕

승불신력 장법가지 내예향단 수첨향공

承佛神力 仗法加持 來詣香壇 受霑香供

고혼청(孤魂請)

일심봉청 생종하처래 사향하처거 생야일편부운기 사야일편부운멸 부운자체본

一心奉請 生從何處來 死向何處去 生也一片浮雲起 死也一片浮雲滅 浮雲自體本

무실 생사거래역여연 독유일물상독로 담연불수어생사 금차 지극지정성 천혼

無實 生死去來亦如然 獨有一物常獨露 湛然不隨於生死 今此 至極之精誠 薦魂

재자 모인영가 재당 ○○재 지신 모인영가복위 위주 상세선망부

齋者 某人靈駕 齋堂 ○○齋 至信 某人靈駕伏爲 爲主 上世先亡父

모 다생사장 오족육친 원근친척 제형숙백 자매질손 일체친속등 각열위영가

母 多生師長 五族六親 遠近親戚 弟兄叔伯 姉妹姪孫 一切親屬等 各列位靈駕

내지 철위산간 오무간지옥 일일일야 만사만생 만반고통 수고함령등중 각열위
乃至 鐵圍山間 五無間地獄 一日一夜 萬死萬生 萬般苦痛 受苦含靈等衆 各列位

영가 겸급법계 사생칠취 삼도팔난 사은삼유 일체유식 함령등중 각열위영가
靈駕 兼及法界 四生七趣 三途八難 四恩三有 一切有識 含靈等衆 各列位靈駕

차도량내외 동상동하 유주무주 침혼체백 일체애혼불자등 각각열위열명영가
此道場內外 洞上洞下 有主無主 沈魂滯魄 一切哀魂佛子等 各各列位列名靈駕

승불신력 장법가지 내예향단 수첨향등다미공
承佛神力 仗法加持 來詣香壇 受霑香燈茶米供

향연청 (三說)
香烟請

가영(歌詠)

제령한진치신망 석화광음몽일장
諸靈限盡致身亡 石火光陰夢一場

삼혼묘묘귀하처 칠백망망거원향
三魂杳杳歸何處 七魄茫茫去遠鄉

모인영가 기수건청 이강향단 방사제연 부흠사전
某人靈駕 旣受虔請 已降香壇 放捨諸緣 俯欽斯奠

모인영가 일주청향 정시영가 본래면목 수점명등 정시영가 착안시절 선헌조주
某人靈駕 一炷清香 正是靈駕 本來面目 數點明燈 正是靈駕 着眼時節 先獻趙州

다 후진향적찬 어차물물 환착안마 (양구) 저두앙면무장처 운재청천수재병
茶後進香積饌 於此物物 還着眼麼 (良久) 低頭仰面無藏處 雲在青天水在瓶

※ 관옥을 하지 않을 경우에는 다음의 게송을 한 후 바로 지단진언(⇨p.三一。)을 한다。

모인영가 기수향공 이청법음 합장전심 참례금선
某人靈駕 旣受香供 已聽法音 合掌專心 參禮金仙

◉ 관욕(灌浴)

※관욕단은 남신구와 여신구를 각각 설치하며 각기 위패 모실 상과 향탕수, 양칫물, 양칫물을 받을 그릇, 수건 2장, 비누, 치약, 칫솔을 준비하고 지의(紙衣)는 지의함에 담아 준비하며, 기와장(지의를 사를 때 필요)도 준비한다. 관욕단 앞에는 증명상을 준비하는데, 촛대와 향로, 향수(香水)를 준비한다. 더불어 관욕실에는 욕실방(浴室榜)을 붙인다.

욕실방 ⇨ p。三六。

■ 인예향욕편(引詣香浴篇)

상래이빙 불력법력 삼보위신지력 소청인도 일체인륜 급 무주고혼 계 유정등중
上來已憑 佛力法力 三寶威神之力 召請人道 一切人倫 及 無主孤魂 洎 有情等衆

이계도량 대중성발 청영부욕
已屆道場 大衆聲鈸 請迎赴浴

신묘장구대다라니
神妙章句大陀羅尼

나모라 다나 다라 야야 나막 알야 바로기제 새바라야 모지 사다바야 마하 사다바야 마하 가로 니가야 옴 살바 바예수 다라나 가라야 다사명 나막 가리다

바 이맘 알야 바로기제 새바라 다바 니라간타 나막 하리나야 마발다 이사미

살발타 사다남 수반 아예염 살바 보다남 바바말아 미수다감 다냐타 옴 아로

계 아로가 마지로가 지가란제 혜혜하례 마하 모지 사다바 사마라 사마라 하

리나야 구로구로 갈마 사다야 사다야 도로도로 미연제 마하 미연제 다라다라

다린나레 새바라 자라자라 마라 미마라 아마라 몰제 예혜혜 로계 새바라 라

아 미사미 나사야 나베 사미 사미 나사야 모하자라 미사미 나사야 호로호로

마라 호로 하례 바나마 나바 사라사라 시리시리 소로소로 못자못자 모다야

모다야 메다리야 니라간타 가마사 날사남 바라 하리나야 마낙 사바하 싣다야

사바하 마하 싣다야 사바하 싣다유예 새바라야 사바하 니라 간타야 사바하

바라하 목카 싱하 목카야 사바하 바나마 하따야 사바하 자가라 욕다야 사바

하 상카 섭나네 모다나야 사바하 마하라 구타 다라야 사바하 이

사시 췌다 가릿나 이나야 사바하 먀가라 잘마 이바 사나야 사바하

다나 다라 야야 나막 알야 바로기제 새바라야 사바하」(三遍)

「나모라

반야심경(般若心經) 云云

정로진언
淨路眞言

옴 소싯디 나자리다라 나자리다라 모라다예 자라자라 만다
만다 하나하나 훔 바탁 (三遍)

견실합장인(堅實合掌印)　다섯손가락을 펴서 합장한다.

※ 입실게시 위패를 욕실로 모신다.

입실게(入室偈)

일종위배본심왕　기입삼도력사생　금일척제번뇌염　수연의구자환향
一從違背本心王　幾入三途歷四生　今日滌除煩惱染　隨緣依舊自還鄉

■ 가지조욕편(加持澡浴篇)

상부 정삼업자 무월호징심 결만물자 막과어청수 시이 근엄욕실 특비향탕희
詳夫 淨三業者 無越乎澄心 潔萬物者 莫過於淸水 是以 謹嚴浴室 特備香湯 希

일탁어진로 획만겁지청정 하유목욕지게 대중수언후화
一濯於塵勞 獲萬劫之淸淨 下有沐浴之偈 大衆隨言後和

목욕게 (沐浴偈)

아금이차향탕수 我今以此香湯水　관욕고혼급유정 灌浴孤魂及有情　신심세척영청정 身心洗滌令清淨　증입진공상락향 證入眞空常樂鄉

※ 목욕진언 시 관욕바라를 거행할 수도 있다.

목욕진언
沐浴眞言

옴 바다모 사니사 아모까 아레 훔 (三遍)

목욕인(沐浴印) 양손 약지(넷째손가락)와 소지(새끼손가락)를 안으로 깍지 껴서 손바닥 속에 넣되 오른손이 왼손을 누르게 하고, 두 중지(가운데손가락)는 펴서 끝을 맞대고 양쪽 거머(둘째손가락)로 중지의 등을 누른다. 두 엄지는 중지의 가운데 마디를 누른다.

작양지진언
嚼楊枝眞言

옴 바아라하 사바하 (三遍)

금강권인(金剛拳印) 왼손 엄지로 약지의 아랫마디를 누르고 주먹을 쥔다.

수구진언
漱口眞言

옴 도도리 구로구로 사바하 (三遍)

왼손으로 금강권을 쥔 상태에서 셋째、넷째、다섯째손가락을 편다。

세수면진언
洗手面眞言

옴 사만다 바리 숫제훔 (三遍)

금강권인(金剛拳印) 왼손 엄지로 약지의 아랫마디를 누르고 주먹을 쥔다。

■ 가지화의편(加持化衣篇)

제불자 관욕기주 신심구정 금이여래 무상비밀지언 가지명의 원차일의 위다
諸佛子 灌浴旣周 心身俱淨 今以如來 無上秘密之言 加持冥衣 願此一衣 爲多

의 이다의 위무진지의 영칭신형 부장부단 불착불관 승전소복지의 변성해탈
衣 以多衣 爲無盡之衣 令稱身形 不長不短 不窄不寬 勝前所服之衣 變成解脫

지복 고오불여래 유화의재다라니 근당선념

之服 故吾佛如來 有化衣財陀羅尼 謹當宣念

※ 화의재진언 시 지의(紙衣)를 사른다.

화의재진언

化衣財眞言

나무 사만다 못다남 옴 바자나 비로기제 사바하 (三遍)

연화합장인(蓮花合掌印) 두 손의 열 손가락을 세워서 손가락과 손바닥을 함께 합하는 합장으로、 그 모양이 연꽃의 봉오리를 닮았다 해서 붙여진 이름이다.

수의진언

授衣眞言

제불자 지주기주 화의이변 무의자 여의부체 유의자 기고환신 장예정단 선정복식

諸佛子 持呪旣周 化衣已遍 無衣者 與衣覆體 有衣者 棄古換新 將詣淨壇 先整服飾

옴 바리마라바 바아리니 훔 (三遍)

연화권인(蓮花拳印) 오른손으로 주먹을 쥐고、왼손으로 물을 묻혀 관욕소를 향해 뿌린다.

착의진언
着衣眞言

옴 바아라 바사세 사바하 (三遍)

양손 엄지손가락으로 나머지 네 손가락 끝을 눌러 주먹을 쥔다.

정의진언
整衣眞言

옴 삼만다 사다라나 바다메 훔 박 (三遍)

양손 엄지손가락으로 나머지 네 손가락 끝을 눌러 주먹을 쥔다.

※ 출욕참성편 시 관욕단에서 위패를 모시고 나온다.

■ 출욕참성편 (出浴參聖篇)

제불자 기주복식 가예단장 예삼보지자존 청일승지묘법 청리향욕 당부정단

諸佛子 旣周服飾 可詣壇場 禮三寶之慈尊 聽一乘之妙法 請離香浴 當赴淨壇

합장전심 서보전진
合掌專心 徐步前進

지단진언
指壇眞言

지단인(指壇印) 오른손으로 금강권을 짓되 둘째손가락을 펴서 인로왕보살이 자리한 영혼[혹은 상단]을 향하도록 방향을 가리킨다.

옴 예이혜 베로자나야 사바하 (三遍)

법신게 (法身偈)

법신변만백억계 法身遍滿百億界
보방금색조인천 普放金色照人天
응물현형담저월 應物現形潭底月
체원정좌보련대 體圓正坐寶蓮臺

산화락 (三說)
散花落

※ 인성(引聲)을 지으며 위패를 모시고 대중은 본당으로 나아간다.

나무대성인로왕보살 (三說)
南無大聖引路王菩薩

※ 정중(庭中)에 이르러서 정중게(庭中偈)를 하고 다음에 개문게(開門偈)를 거행한다。

정중게(庭中偈)

일보증부동　내향수운간　기도아련야　입실예금선
一步曾不動　來向水雲間　旣到阿練若　入室禮金仙

개문게(開門偈)

권박봉미륵　개문견석가　삼삼예무상　유희법왕가
捲箔逢彌勒　開門見釋迦　三三禮無上　遊戲法王家

■ 가지예성편(加持禮聖篇)

상래　위명도유정　인입정단이경　금당예봉삼보　부삼보자　삼신정각　오교영문삼
上來　爲冥道有情　引入淨壇已竟　今當禮奉三寶　夫三寶者　三身正覺　五教靈文　三

현십성지존　사과이승지중　여등　기래법회　득부향연　상삼보지난봉　경일심이신
賢十聖之尊　四果二乘之衆　汝等　旣來法會　得赴香筵　想三寶之難逢　傾一心而信

례　하유보례지게　대중수언후화
禮　下有普禮之偈　大衆隨言後和

보례삼보(普禮三寶)

보례시방상주
普禮十方常住
법신보신화신제불타
法身報身化身諸佛陀

보례시방상주
普禮十方常住
경장율장논장제달마
經藏律藏論藏諸達摩

보례시방상주
普禮十方常住
보살연각성문제승가
菩薩緣覺聲聞諸僧伽

제불자 행봉성회 이례자존 의생한우지심 가발난조지상 청리단소 당부명연
諸佛子 幸逢聖會 己禮慈尊 宜生罕遇之心 可發難遭之想 請離壇所 當赴冥筵

동형진수 각구묘도
同享珎羞 各求妙道

법성게 (法性偈)

법성원융무이상
法性圓融無二相
제법부동본래적
諸法不動本來寂
무명무상절일체
無名無相絕一切
증지소지비여경
證智所知非餘境

진성심심극미묘
眞性甚深極微妙
불수자성수연성
不守自性隨緣成
일중일체다중일
一中一切多中一
일즉일체다즉일
一即一切多即一

일미진중함시방
一微塵中含十方
일체진중역여시
一切塵中亦如是
무량원겁즉일념
無量遠劫即一念
일념즉시무량겁
一念即是無量劫

구세십세호상즉
九世十世互相即
잉불잡란격별성
仍不雜亂隔別成
초발심시변정각
初發心時便正覺
생사열반상공화
生死涅槃相共和

이사명연무분별
理事冥然無分別

십불보현대인경
十佛普賢大人境

능인해인삼매중
能仁海印三昧中

번출여의부사의
繁出如意不思議

우보익생만허공
雨寶益生滿虛空

중생수기득이익
衆生隨器得利益

시고행자환본제
是故行者還本際

파식망상필부득
叵息妄想必不得

무연선교착여의
無緣善巧捉如意

귀가수분득자량
歸家隨分得資糧

이다라니무진보
以陀羅尼無盡寶

장엄법계실보전
莊嚴法界實寶殿

궁좌실제중도상
窮坐實際中道床

구래부동명위불
舊來不動名爲佛

괘전게(掛錢偈)

제불대원경
諸佛大圓鏡

필경무내외
畢竟無內外

야양금일회
爺孃今日會

미목정상시
眉目正相撕

■ 수위안좌편(受位安座篇)

제불자 상래승불섭수 장법가지 기무수계이임연 원획소요이취좌 하유안좌지게
諸佛子 上來承佛攝受 仗法加持 旣無因繫以臨筵 願獲逍遙而就座 下有安座之偈

대중수언후화
大衆隨言後和

다과진수열좌전
茶果珍羞列座前

대소의위차제좌
大小依位次第坐

전심제청연금언
專心諦聽演金言

수위안좌진언
受位安座眞言

옴 마니 군다니 훔훔 사바하 (三遍)

다게 (茶偈)

백초임중일미신
百草林中一味新

조주상권기천인
趙州常勸幾千人

팽장석정강심수
烹將石鼎江心水

원사망령헐고륜
願使亡靈歇苦輪

원사고혼헐고륜
願使孤魂歇苦輪

원사제령헐고륜
願使諸靈歇苦輪

■ 욕실방(浴室榜)

절이 감로향탕 세척다생지죄구 청량법수 탕제누겁지진로 욕해탈지 척환화체
切以 甘露香湯 洗滌多生之罪垢 清凉法水 蕩除累劫之塵勞 浴解脫池 滌幻化體

신업청정 가이예봉여래 묘촉선명 자시법신무구 종자세과 불염진애 이열뇌향
身業清淨 可以禮奉如來 妙觸宣明 自是法身無垢 從玆洗過 不染塵埃 離熱惱鄉

거진정계 우금출방어욕실소 장괘효유 유명자 연금소청 유명입욕 내시신식업
居真淨界 右今出榜於浴室所 張掛曉喩 幽冥者 然今召請 幽冥入浴 乃是神識業

상지구 비시시해 혼백지체 이남녀상 종분단신 사허망정 획광명상 목욕이경
相之軀 非是屍骸 魂魄之體 離男女相 從分段身 捨虛妄情 獲光明相 沐浴已竟

수범패성 예어도량 참례성용구수
隨梵唄聲 詣於道場 參禮聖容求受

불기 년 월 일 병법사문 근압
佛紀 年 月 日 秉法沙門 謹押

36

● 신중작법(神衆作法)

옹호게(擁護偈)

팔부금강호도량 八部金剛護道場　공신속부보천왕 空神速赴報天王　삼계제천함래집 三界諸天咸來集　여금불찰보정상 如今佛刹補禎祥

거목(擧目)

나무 금강회상 불보살 南無 金剛會上 佛菩薩

나무 도리회상 성현중 南無 忉利會上 聖賢衆

나무 옹호회상 영기등중 南無 擁護會上 靈祇等衆

가영(歌詠)

옹호성중만허공 擁護聖衆滿虛空　도재호광일도중 都在毫光一道中

신수불어상옹호 信受佛語常擁護　봉행경전영류통 奉行經典永流通　고아일심귀명정례 故我一心歸命頂禮

다게(茶偈)

청정명다약 淸淨茗茶藥
원수애납수 願垂哀納受

능제병혼침 能除病昏沈
원수애납수 願垂哀納受

유기옹호중 唯冀擁護衆
원수자비애납수 願垂慈悲哀納受

탄백(歎白)

제석천왕혜감명 帝釋天王慧鑑明

사주인사일념지 四洲人事一念知

애민중생여적자 哀愍衆生如赤子

시고아금공경례 是故我今恭敬禮

옹호게(擁護偈)

팔부금강호도량　공신속부보천왕　삼계제천함래집　여금불찰보정상
八部金剛護道場　空神速赴報天王　三界諸天咸來集　如今佛刹補禎祥

상단(上壇)

봉청　관찰무상　소행평등　무수　대자재천왕
奉請　觀察無常　所行平等　無數　大自在天王

봉청　개이적정　안주기중　무량　광과천왕
奉請　皆以寂靜　安住其中　無量　廣果天王

봉청　광대법문　근작이익　무량　변정천왕
奉請　廣大法門　勤作利益　無量　偏淨天王

봉청　광대적정　무애법문　무량　광음천왕
奉請　廣大寂靜　無碍法門　無量　光音天王

봉청　개구대자　연민중생　불가사의수　대범천왕
奉請　皆具大慈　憐愍衆生　不可思議數　大梵天王

봉청　수습방편　광대법문　무수　타화자재천왕
奉請　修習方便　廣大法門　無數　他化自在天王

봉청 奉請　조복중생 調伏衆生　영득해탈 令得解脫　무량 無量　화락천왕 化樂天王

봉청 奉請　개근염지 皆勤念持　제불명호 諸佛名號　불가사의수 不可思議數　도솔타천왕 兜率陀天王

봉청 奉請　개근수습 皆勤修習　광대선근 廣大善根　무량수 無量數　야마천왕 夜摩天王

봉청 奉請　개근발기 皆勤發起　일체세간 一切世間　무량 無量　삼십삼천왕 三十三天王

봉청 奉請　개근수습 皆勤修習　이익중생 利益衆生　무량 無量　일천자 日天子

봉청 奉請　개근현발 皆勤現發　중생심보 衆生心寶　무량 無量　월천자 月天子

봉청 奉請　개근수습 皆勤修習　중생심실 衆生心實　무량 無量　일천자 日天子

유원 唯願　신장자비 神將慈悲　옹호도량 擁護道場　성취불사 成就佛事

가영(歌詠)

욕색제천제성중 慾色諸天諸聖衆　상수불회현자엄 常隨佛會現慈嚴

소행평등보관찰 所行平等普觀察　위구중생무피염 爲救衆生無疲厭

고아일심귀명정례 故我一心歸命頂禮

40

중단(中壇)

봉청(奉請) 심생신해(深生信解) 환희애중(歡喜愛重) 무량(無量) 건달바왕(乾闥婆王)

봉청(奉請) 무애법문(無碍法門) 광대광명(廣大光明) 무량(無量) 구반다왕(鳩槃茶王)

봉청(奉請) 흥운포우(興雲布雨) 열뇌제멸(熱惱除滅) 무량(無量) 제대용왕(諸大龍王)

봉청(奉請) 개근수호(皆勤守護) 일체중생(一切衆生) 무량(無量) 야차왕(夜叉王)

봉청(奉請) 광대방편(廣大方便) 영할치망(永割癡網) 무량(無量) 마후라왕(摩睺羅王)

봉청(奉請) 심항쾌락(心恒快樂) 자재유희(自在遊戲) 무량(無量) 긴나라왕(緊那羅王)

봉청(奉請) 성취방편(成就方便) 구섭중생(救攝衆生) 불가사의수(不可思議數) 가루라왕(迦樓羅王)

봉청(奉請) 실이정근(悉已精勤) 최복아만(摧伏我慢) 무량(無量) 아수라왕(阿修羅王)

유원(唯願) 신장자비(神將慈悲) 옹호도량(擁護道場) 성취불사(成就佛事)

가영(歌詠)

팔부사왕내부회 (八部四王來赴會)
심항쾌락이무궁 (心恒快樂利無窮)
개근해탈방편력 (皆勤解脫方便力)
섭복군마진위웅 (慴伏群魔振威雄)
고아일심귀명정례 (故我一心歸命頂禮)

하단(下壇)

봉청(奉請) 개어묘법 (皆於妙法)
봉청(奉請) 능생신해 (能生信解) 무량(無量) 주주신(主晝神)
봉청(奉請) 이법위락 (以法爲樂)
봉청(奉請) 항조시방 (恒照十方) 무량(無量) 주야신(主夜神)
봉청(奉請) 보방광명 (普放光明) 무량(無量) 주방신(主方神)
봉청(奉請) 광대명결 (廣大明潔) 무량(無量) 주공신(主空神)
봉청(奉請) 심개이구 (心皆離垢)
봉청(奉請) 아만지심 (我慢之心) 무량(無量) 주풍신(主風神)
봉청(奉請) 개근산멸 (皆勤散滅)
봉청(奉請) 시현광명 (示現光明)
봉청(奉請) 열뇌제멸 (熱惱除滅) 무량(無量) 주화신(主火神)

奉請 봉청 상근구호 常勤救護 일체중생 一切衆生 무량 無量 주수신 主水神

奉請 봉청 공덕대해 功德大海 충만기중 充滿其中 무량 無量 주해신 主海神

奉請 봉청 개근작의 皆勤作意 이익중생 利益衆生 무량 無量 주하신 主河神

奉請 봉청 막불개득 莫不皆得 대희성취 大喜成就 무량 無量 주가신 主稼神

奉請 봉청 성개이구 性皆離垢 인자우물 仁慈祐物 무량 無量 주약신 主藥神

奉請 봉청 개유무량 皆有無量 가애광명 可愛光明 불가사의수 不可思議數 주림신 主林神

奉請 봉청 개어제법 皆於諸法 득청정안 得清淨眼 무량 無量 주산신 主山神

奉請 봉청 친근제불 親近諸佛 동수복업 同修福業 불세계 佛世界 미진수 微塵數 주지신 主地神

奉請 봉청 엄정여래 嚴淨如來 소거궁전 所居宮殿 불세계 佛世界 미진수 微塵數 주성신 主城神

奉請 봉청 성취원력 成就願力 광흥공양 廣興供養 불세계 佛世界 미진수 微塵數 도량신 道場神

봉청 奉請 친근여래 親近如來 수축불사 隨逐不捨 불세계 佛世界 미진수 微塵數 족행신 足行神

봉청 奉請 성취대원 成就大願 공양제불 供養諸佛 불세계 佛世界 미진수 微塵數 신중신 身衆神

봉청 奉請 항발대원 恒發大願 공양제불 供養諸佛 불세계 佛世界 미진수 微塵數 집금강신 執金剛神

유원 唯願 신장자비 神將慈悲 옹호도량 擁護道場 성취불사 成就佛事

가영(歌詠)

품류무변형색별 品類無邊形色別
수기원력현신통 隨其願力現神通
봉행불법상위호 奉行佛法常爲護
이익중생일체동 利益衆生一切同
고아일심귀명정례 故我一心歸命頂禮

다게(茶偈)

청정명다약 淸淨茗茶藥
능제병혼침 能除病昏沈
유기옹호중 唯冀擁護衆

원수애납수 願垂哀納受
원수애납수 願垂哀納受
원수자비애납수 願垂慈悲哀納受

탄백(歎白)

제석천왕혜감명 帝釋天王慧鑑明 사주인사일념지 四洲人事一念知

애민중생여적자 哀愍衆生如赤子 시고아금공경례 是故我今恭敬禮

● 소창불(小唱佛)

봉청 奉請 여래화현 원만신통 대예적금강성자
如來化現 圓滿神通 大穢跡金剛聖者

봉청 奉請 청제재금강 벽독금강
青除災金剛 碧毒金剛

봉청 奉請 황수구금강 백정수금강
黃隨求金剛 白淨水金剛

봉청 奉請 적성화금강 정제재금강
赤聲火金剛 定除災金剛

봉청 奉請 자현신금강 대신력금강
紫賢神金剛 大神力金剛

봉청 奉請 금강권보살 금강색보살
金剛眷菩薩 金剛索菩薩

봉청 奉請 금강애보살 금강어보살
金剛愛菩薩 金剛語菩薩

봉청 奉請 대위덕 대분노 감로군다리등 십대명왕
大威德 大忿怒 甘露軍茶利等 十代明王

봉청 奉請 사바계주 婆婆界主 대범천왕 大梵天王 지거세주 地居世主 제석천왕 帝釋天王

봉청 奉請 호세안민 護世安民 사방천왕 四方天王 일월이궁 日月二宮 양대천자 兩大天子

봉청 奉請 이십제천 二十諸天 제대천왕 諸大天王 북두대성 北斗大聖 칠원성군 七元聖君

봉청 奉請 이십팔수 二十八宿 제성군중 諸星君衆 묘호음성 妙好音聲 아수라왕 阿修羅王

봉청 奉請 이십오위 二十五位 호계대신 護戒大神 일십팔위 一十八位 복덕대신 福德大神

봉청 奉請 조왕산신 謂王山神 이위대신 二位大神 도량토지 道場土地 가람대신 伽藍大神

봉청 奉請 오방오제 五方五帝 오위대신 五位大神 가야나제 伽耶那提 이대금강 二大金剛

봉청 奉請 음양조화 陰陽造化 부지명위 不知名位 호법선신 護法善神 일체영기등중 一切靈祇等衆

유원 唯願 신장자비 神將慈悲 옹호도량 擁護道場 성취불사 成就佛事

● 천수경(千手經)

정구업진언
淨口業眞言

수리수리 마하수리 수수리 사바하 (三遍)

오방내외안위제신진언
五方內外安慰諸神眞言

나무 사만다 못다남 옴 도로도로 지미 사바하 (三遍)

개경게 (開經偈)

무상심심미묘법
無上甚深微妙法

백천만겁난조우
百千萬劫難遭遇

아금문견득수지
我今聞見得受持

원해여래진실의
願解如來眞實意

개법장진언
開法藏眞言

옴 아라남 아라다 (三遍)

천수천안관자재보살 광대원만 무애대비심 대다라니 계청
千手千眼觀自在菩薩 廣大圓滿 無碍大悲心 大陀羅尼 啓請

계수관음대비주
稽首觀音大悲主

원력홍심상호신
願力洪深相好身

천비장엄보호지
千臂莊嚴普護持

천안광명변관조
千眼光明遍觀照

진실어중선밀어
眞實語中宣密語

무위심내기비심
無爲心內起悲心

속령만족제희구
速令滿足諸希求

영사멸제제죄업
永使滅除諸罪業

48

천룡중성동자호 天龍衆聖同慈護
백천삼매돈훈수 百千三昧頓薰修
수지신시광명당 受持身是光明幢
수지심시신통장 受持心是神通藏

세척진로원제해 洗滌塵勞願濟海
초증보리방편문 超證菩提方便門
아금칭송서귀의 我今稱誦誓歸依
소원종심실원만 所願從心悉圓滿

나무대비관세음 南無大悲觀世音
원아속지일체법 願我速知一切法
나무대비관세음 南無大悲觀世音
원아조득지혜안 願我早得智慧眼

나무대비관세음 南無大悲觀世音
원아속도일체중 願我速度一切衆
나무대비관세음 南無大悲觀世音
원아조득선방편 願我早得善方便

나무대비관세음 南無大悲觀世音
원아속승반야선 願我速乘般若船
나무대비관세음 南無大悲觀世音
원아조득월고해 願我早得越苦海

나무대비관세음 南無大悲觀世音
원아속득계정도 願我速得戒定道
나무대비관세음 南無大悲觀世音
원아조등원적산 願我早登圓寂山

나무대비관세음 南無大悲觀世音
원아속회무위사 願我速會無爲舍
나무대비관세음 南無大悲觀世音
원아조동법성신 願我早同法性身

아약향도산 我若向刀山
도산자최절 刀山自摧折
아약향화탕 我若向火湯
화탕자고갈 火湯自枯渴

아약향지옥 我若向地獄
지옥자소멸 地獄自消滅
아약향아귀 我若向餓鬼
아귀자포만 餓鬼自飽滿

아약향수라 我若向修羅
악심자조복 惡心自調伏
아약향축생 我若向畜生
자득대지혜 自得大智慧

나무관세음보살마하살
南無觀世音菩薩摩訶薩

나무천수보살마하살
南無千手菩薩摩訶薩

나무대륜보살마하살
南無大輪菩薩摩訶薩

나무정취보살마하살
南無正趣菩薩摩訶薩

나무수월보살마하살
南無水月菩薩摩訶薩

나무십일면보살마하살
南無十一面菩薩摩訶薩

「나무본사아미타불」(三說)
南無本師阿彌陀佛

나무대세지보살마하살
南無大勢至菩薩摩訶薩

나무여의륜보살마하살
南無如意輪菩薩摩訶薩

나무관자재보살마하살
南無觀自在菩薩摩訶薩

나무만월보살마하살
南無滿月菩薩摩訶薩

나무군다리보살마하살
南無軍茶利菩薩摩訶薩

나무제대보살마하살
南無諸大菩薩摩訶薩

신묘장구대다라니
神妙章句大陀羅尼

나모라 다나 다라 야야 나막 알야 바로기제 새바라야 모지 사다바야 마하 사

다바야 마하 가로 니가야 옴 살바 바예수 다라나 가라야 다사명 나막 가리다

바 이맘 알야 바로기제 새바라 다바 니라간타 나막 하리나야 마발다 이사미

살발타 사다남 수반 아예염 살바 보다남 바바말아 미수다감 다냐타 옴 아로

계 아로가 마지로가 지가란제 혜혜하례 마하 모지 사다바 사마라 사마라 하

리나야 구로구로 갈마 사다야 사다야 도로도로 미연제 마하 미연제 다라다라

다린나레 새바라 자라자라 마라 미마라 아마라 몰제 예혜혜 로계 새바라 라

아 미사미 나사야 나베 사미 사미 나사야 모하자라 미사미 나사야 호로호로

마라 호로 하례 바나마 나바 사라사라 시리시리 소로소로 못자못자 모다야

모다야 메다리야 니라간타 가마사 날사남 바라 하리나야 마낙 사바하 싣다야

사바하 마하 싣다야 사바하 싣다유예 새바라야 사바하 니라 간타야 사바하

바라하 목카 싱하 목카야 사바하 바나마 하따야 사바하 자가라 욕다야 사바

하 상카 섭나네 모다나야 사바하 마하라 구타 다라야 사바하 바마 사간타 이

사 시체다 가릿나 이나야 사바하 먀가라 잘마 이바 사나야 사바하 「나모라

다나 다라 야야 나막 알야 바로기제 새바라야 사바하」 (三遍)

※ 신묘장구대다라니는 3편을 지송해야 하나, 약례 시 1편은 제대로 하고 2편은 꺽쇠(「」)의 진언만

지송하기도 한다。 이후 의식에서도 적용된다。

사방찬(四方讚)

일쇄동방결도량 一灑東方潔道場

이쇄남방득청량 二灑南方得清涼

삼쇄서방구정토 三灑西方俱淨土

사쇄북방영안강 四灑北方永安康

도량찬(道場讚)

도량청정무하예 道場清淨無瑕穢

삼보천룡강차지 三寶天龍降此地

아금지송묘진언 我今持誦妙眞言

원사자비밀가호 願賜慈悲密加護

참회게(懺悔偈)

아석소조제악업 我昔所造諸惡業

개유무시탐진치 皆有無始貪瞋癡

종신구의지소생 從身口意之所生

일체아금개참회 一切我今皆懺悔

참제업장십이존불(懺除業障十二尊佛)

나무참제업장보승장불 南無懺除業障寶勝藏佛

보광왕화염조불 寶光王火燄照佛

일체향화자재력왕불 一切香華自在力王佛

백억항하사결정불 百億恒河沙決定佛

진위덕불 振威德佛

금강견강소복괴산불 金剛堅強消伏壞散佛

보광월전묘음존왕불 寶光月殿妙音尊王佛

환희장마니보적불 歡喜藏摩尼寶積佛

무진향승왕불 無盡香勝王佛

사자월불
獅子月佛

환희장엄주왕불
歡喜莊嚴珠王佛

제보당마니승광불
帝寶幢摩尼勝光佛

십악참회 (十惡懺悔)

살생중죄금일참회
殺生重罪今日懺悔

투도중죄금일참회
偸盜重罪今日懺悔

사음중죄금일참회
邪淫重罪今日懺悔

망어중죄금일참회
妄語重罪今日懺悔

기어중죄금일참회
綺語重罪今日懺悔

양설중죄금일참회
兩舌重罪今日懺悔

악구중죄금일참회
惡口重罪今日懺悔

탐애중죄금일참회
貪愛重罪今日懺悔

진에중죄금일참회
瞋恚重罪今日懺悔

치암중죄금일참회
癡暗重罪今日懺悔

백겁적집죄　일념돈탕제
百劫積集罪　一念頓蕩除

여화분고초　멸진무유여
如火焚枯草　滅盡無有餘

죄무자성종심기　심약멸시죄역망
罪無自性從心起　心若滅是罪亦忘

죄망심멸양구공　시즉명위진참회
罪忘心滅兩俱空　是卽名爲眞懺悔

참회진언
懺悔眞言

옴 살바 못자모지 사다야 사바하 (三遍)

준제공덕취 准提功德聚　　적정심상송 寂靜心常誦　　일체제대난 一切諸大難　　무능침시인 無能侵是人

천상급인간 天上及人間　　수복여불등 受福如佛等　　우차여의주 遇此如意珠　　정획무등등 定獲無等等

「나무칠구지불모대준제보살」 (三說)
南無七俱胝佛母大准提菩薩

정법계진언
淨法界眞言
옴 남 (三遍)

호신진언
護身眞言
옴 치림 (三遍)

관세음보살 본심미묘 육자대명왕진언
觀世音菩薩 本心微妙 六字大明王眞言
옴 마니 반메 훔 (三遍)

나무 사다남 삼먁 삼못다 구치남 다냐타
「옴 자례주례 준제 사바하 부림」 (三遍)

준제진언
准提眞言

아금지송대준제 我今持誦大准提
즉발보리광대원 卽發菩提廣大願
원아정혜속원명 願我定慧速圓明
원아공덕개성취 願我功德皆成就

원아승복변장엄 願我勝福遍莊嚴
원공중생성불도 願共眾生成佛道

여래십대발원문
如來十大發願文

원아영리삼악도
願我永離三惡道

원아속단탐진치
願我速斷貪瞋癡

원아상문불법승
願我常聞佛法僧

원아근수계정혜
願我勤修戒定慧

원아항수제불학
願我恒隨諸佛學

원아불퇴보리심
願我不退菩提心

원아결정생안양
願我決定生安養

원아속견아미타
願我速見阿彌陀

원아분신변진찰
願我分身遍塵刹

원아광도제중생
願我廣度諸衆生

발사홍서원
發四弘誓願

중생무변서원도
衆生無邊誓願度

번뇌무진서원단
煩惱無盡誓願斷

법문무량서원학
法門無量誓願學

불도무상서원성
佛道無上誓願成

자성중생서원도
自性衆生誓願度

자성번뇌서원단
自性煩惱誓願斷

자성법문서원학
自性法門誓願學

자성불도서원성
自性佛道誓願成

발원이 귀명례삼보
發願已 歸命禮三寶

「나무상주시방불
南無常住十方佛

나무상주시방법
南無常住十方法

나무상주시방승」
南無常住十方僧

(三說)

◉ 조전점안(造錢點眼)

※ 할향부터 참회진언까지의 의식은 「천수경」 정구업진언부터 참회진언까지로 대체할 수 있다.

할향(喝香)

전단목주중생상 급여여래보살형
旃檀木做衆生像　及與如來菩薩形

만면천두수각리 약문훈기일반향
萬面千頭雖各異　若聞薰氣一般香

연향게(燃香偈)

계정혜해지견향
戒定慧解知見香

변시방찰상분복 원차향연역여시
遍十方刹常氛馥　願此香烟亦如是

훈현자타오분신
熏現自他五分身

할등(喝燈)

달마전등위계활
達摩傳燈爲計活

종사병촉작가풍 등등상속방불멸
宗師秉燭作家風　燈燈相續方不滅

대대유통진조종
代代流通振祖宗

연등게(燃燈偈)

대원위주대비유
大願爲炷大悲油

대사위화삼법취 보리심등조법계
大捨爲火三法聚　菩提心燈照法界

아아훔 조제군생원성불
阿阿吽　照諸群生願成佛

할화(喝花)

모란화왕함묘유　牧丹花王含妙有

작약금예체분방　芍藥金蘂體芬芳

함담홍련동염정　菡萏紅蓮同染淨

갱생황국상후신　更生黃菊霜後新

서찬게(舒讚偈)

아금신해선근력　我今信解善根力

급여법계연기력　及與法界緣起力

불법승보가지력　佛法僧寶加持力

소수선사원원만　所修善事願圓滿

삼귀의(三歸依)

지심신례　불타야　양족존
至心信禮　佛陀耶　兩足尊

지심신례　달마야　이욕존
至心信禮　達摩耶　離欲尊

지심신례　승가야　중중존
至心信禮　僧伽耶　衆中尊

합장게(合掌偈)

합장이위화　신위공양구
合掌以爲花　身爲供養具

성심진실상　찬탄향연부
誠心眞實相　讚歎香煙覆

고향게(告香偈)

향연변부삼천계　정혜능개팔만문　유원삼보대자비　문차신향임법회

香烟遍覆三千界　定慧能開八萬門　唯願三寶大慈悲　聞此信香臨法會

개계(開啓)

상부　수함청정지공　향유보훈지덕　고장법수　특훈묘향　쇄사법연　성우정토

詳夫　水含清淨之功　香有普熏之德　故將法水　特熏妙香　灑斯法筵　成于淨土

쇄수게(灑水偈)

관음보살대의왕　감로병중법수향　쇄탁마운생서기　소제열뇌획청량

觀音菩薩大醫王　甘露瓶中法水香　灑濯魔雲生瑞氣　消除熱惱獲清涼

복청게(伏請偈)

복청대중　동음창화　신묘장구대다라니

伏請大衆　同音唱和　神妙章句大陀羅尼

신묘장구대다라니

神妙章句大陀羅尼

나모라 다나 다라 야야 나막 알야 바로기제 새바라야 모지 사다바야 마하

사다바야 마하 가로 니가야 옴 살바 바예수 다라나 가라야 다사명 나막 가

리다바 이맘 알야 바로기제 새바라 다바 니라간타 나막 하리나야 마발다 이

사미 살발타 사다남 수반 아예염 살바 보다남 바바말아 미수다감 다냐타 옴

아로계 아로가 마지로가 지가란제 혜혜하례 마하 모지 사다바 사마라 사마

라 하리나야 구로구로 갈마 사다야 도로도로 미연제 마하 미연제 다

라다라 다린나레 새바라 자라자라 마라 미마라 아마라 몰제 예혜혜 로계 새

바라 라아 미사미 나사야 나베 사미 사미 나사야 모하자라 미사미 나사야

호로호로 마라 호로 하례 바나마 나바 사라사라 시리시리 소로소로 못자못

자 모다야 모다야 메다리야 니라간타 가마사 날사남 바라 하리나야 마낙 사

바하 싯다야 사바하 마하 싯다야 사바하 싯다유예 새바라야 사바하 니라간

타야 사바하 바라하 목카 싱하 목카야 사바하 바나마 하따야 사바하 자가라

욕다야 사바하 상카 섭나네 모다나야 사바하 마하라 구타 다라야 사바하

마 사간타 이사 시체다 가릿나 이나야 사바하 먀가라 잘마 이바 사나야 사

바하 「나모라 다나 다라 야야 나막 알야 바로기제 새바라야 사바하」 (三遍)

사방찬(四方讚)

일쇄동방결도량 一灑東方潔道場

이쇄남방득청량 二灑南方得清凉

삼쇄서방구정토 三灑西方俱淨土

사쇄북방영안강 四灑北方永安康

엄정게(嚴淨偈)

도량청정무하예 道場清淨無瑕穢

삼보천룡강차지 三寶天龍降此地

아금지송묘진언 我今持誦妙眞言

원사자비밀가호 願賜慈悲密加護

참회게(懺悔偈)

아석소조제악업 我昔所造諸惡業

개유무시탐진치 皆由無始貪瞋癡

종신구의지소생 從身口意之所生

일체아금개참회 一切我今皆懺悔

참회진언 懺悔眞言

옴 살바 못자 모지 사다야 사바하 (三七遍)

※ 양지(楊枝) 스물한 가지로 발을 만들어 그 위에 점안하고자 하는 지전을 쌓아 올린다. 쇄수(灑水)할 물은 월덕방위(月德方位：正·五·九月은 丙方、二·六·十月은 甲方、三·七·至月은 壬方、四·八·臘月에는 庚方)에서 길어와 증명상에 준비하며、모든 진언은 백팔편씩 지송한다. (各眞言百八遍)

월덕수진언 月德水眞言

옴 바아라 훔 밤 사바하 (百八遍)

60

옴 바아라 훔 사바하 (百八遍)
조전진언 造錢眞言

옴 반자나 훔 사바하 (百八遍)
성전진언 成錢眞言

나무불수 南無佛水 나무법수 南無法水 나무승수 南無僧水 나무오방용왕수 南無五方龍王水 (三七遍)

옴 바아라 바 훔 (百八遍)
쇄향수진언 灑香水眞言

옴 반자나 반자니 사바하 (百八遍)
변성금은전진언 變成金銀錢眞言

옴 반자나니 훔 사바하 (百八遍)
개전진언 開錢眞言

옴 발사라 반자니 사바하 (百八遍)
괘전진언 掛錢眞言

※ 이운을 별도로 하지 않을 경우 헌전진언을 한다.

옴 아자나 훔 사바하 (百八遍)
헌전진언 獻錢眞言

● 금은전。 경함이운(金銀錢。 經函移運)

팔부금강호도량　공신속부보천왕　삼계제천함래집　여금불찰보정상
八部金剛護道場　空神速赴報天王　三界諸天咸來集　如今佛刹補楨祥

옹호게(擁護偈)

※ 금은전이운게 시 재자가 전함을 머리에 이거나 정대(頂戴) 한다.

금은전이운게(金銀錢移運偈)

수도금은산부동　불번천제명과아　인간지작명간보　진시여래묘력다
誰道金銀山不動　不煩天帝命夸娥　人間紙作冥間寶　儘是如來妙力多

산화락　(三說)
散花落

나무마하반야바라밀　(三說)
南無摩訶般若波羅蜜

경함이운게(經函移運偈)

묘법하수별처토 妙法何須別處討 화화초초노전기 花花草草露全機 인인불식원주재 人人不識圓珠在 야사능인권폐의 也使能仁捲蔽衣

동경게 (動經偈)

주위산진등정안 珠爲山珍登淨案 약인요병사금병 藥因療病瀉金瓶 대승법력난사의 大乘法力難思議 약천망령전차경 若薦亡靈轉此經

염화게 (拈花偈)

화과일시동묘법 花果一時同妙法 염중상정역여연 染中常淨亦如然 금장수타부용예 今將數朶芙蓉藥 공양영산법보전 供養靈山法寶前

산화락 (三說)

散花落

※ 거령산을 짓소리로 창화하고, 인례목탁에 맞추어 재자는 금은전과 경함을 머리에 이고 도량을 돌며 고사단(庫司壇)으로 나아간다.

거영산 (擧靈山)

나무 영산회상 불보살 (三說)

南無 靈山會上 佛菩薩

※ 거영산(擧靈山)을 짓소리로 거행할 경우 세 번째는 다음과 같이 하여 창화한다.

(나무 영산회상 일체제불제대보살마하살)
(南無 靈山會上 一切諸佛諸大菩薩摩訶薩)

※ 고사단에 당도하여 금은전을 다 옮겨 놓을 때까지 헌전진언을 지송한다.

헌전진언
獻錢眞言

옴 아자나 흠 사바하 (百八遍)

헌전게 (獻錢偈)

화지성전겸비수 퇴퇴정사백은산 금장봉헌명관중 물기망망광야간
化紙成錢兼備數 堆堆正似白銀山 今將奉獻冥官衆 勿棄茫茫曠野間

찬경게 (讚經偈)

묘경공덕설난진 불불임종최후담 산호해묵허공지 일자법문서불함
妙經功德說難盡 佛佛臨終最後談 山毫海墨虛空紙 一字法門書不成

● 괘불이운(掛佛移運)

옹호게 (擁護偈)

팔부금강호도량 八部金剛好道場
공신속부보천왕 空神速赴報天王
삼계제천함래집 三界諸天咸來集
여금불찰보정상 如今佛刹補禎詳

찬불게 (讚佛偈)

진묵겁전조성불 塵墨劫前早成佛
위도중생현세간 爲度衆生現世間
외외덕상월륜만 巍巍德相月輪滿
어삼계중작도사 於三界中作導師

출산게 (出山偈)

외외낙낙정나나 巍巍落落淨裸裸
독보건곤수반아 獨步乾坤誰伴我
약야산중봉자기 若也山中逢子期
기장황엽하산하 豈將黃葉下山下

염화게 (拈花偈)

보살제화헌불전 菩薩提花獻佛前
유래차법자서천 由來此法自西天
인인본구종난시 人人本具終難恃
만행신개대복전 萬行新開大福田

산화락 (三說)

散花落

거영산(擧靈山)

나무 영산회상 불보살 (三說)
南無 靈山會上 佛菩薩

※ 거영산(擧靈山)을 짓소리로 거행할 경우 세 번째는 다음과 같이 하여 창화한다.

(나무 영산회상 일체제불제대보살마하살)
(南無 靈山會上 一切諸佛諸大菩薩摩訶薩)

등상게(登床偈)

변등사자좌　공림시방계
遍登獅子座　共臨十方界

준준제중생　인도연화계
蠢蠢諸衆生　引導蓮花界

사무량게(四無量偈)

대자대비민중생　대희대사제함식
大慈大悲愍衆生　大喜大捨濟含識

상호광명이자엄　중등지심귀명례
相好光明以自嚴　衆等至心歸命禮

영산지심(靈山志心)

지심귀명례　영산회상　염화시중　시아본사　석가모니불 (三說)
志心歸命禮　靈山會上　拈花示衆　是我本師　釋迦牟尼佛

유원영산애민　수아정례
唯願靈山哀愍　受我頂禮

헌좌게 (獻座偈)

묘보리좌승장엄　제불좌이성정각　아금헌좌역여시　자타일시성불도
妙菩提座勝莊嚴　諸佛坐已成正覺　我今獻座亦如是　自他一時成佛道

헌좌진언
獻座眞言

옴 바아라 미나야 사바하 (三遍)

다게 (茶偈)

금장묘약급명다　봉헌영산대법회　부감단나건간심
今將妙藥及茗茶　奉獻靈山大法會　俯鑑檀那虔懇心

원수애납수
願垂哀納受

원수애납수
願垂哀納受

원수자비애납수
願垂慈悲哀納受

보공양진언
普供養眞言

옴 아아나 삼바바 바아라 훔 (三遍)

(피봉식) 소청문소 배헌시방삼보자존
(皮封式) 召請文疏 拜獻十方三寶慈尊

석가여래 유교제자 봉행가지 병법사문 모 근봉
釋迦如來 遺教弟子 奉行加持 秉法沙門 某 謹封

수설대회소
修設大會所

절이 담화영리 감경향성지심 각수음중 가식생방지복 법개경장 승집정람 내필
切以 曇花影裡 堪傾向聖之心 覺樹陰中 可植生方之福 法開經藏 僧集精藍 乃芯

추역련지원 실단나귀투지지 혹위평안이작공 혹내추천이수재 기의보방 선배성
篆歷鍊之願 實檀那歸投之地 或爲平安而作供 或乃追薦以修齋 旣依實坊 先培聖

덕자 개문법신담적 호왈비로 상이무위 응연부동 시신 즉유회수 거사바세계
德者 蓋聞法身湛寂 號曰毘盧 常爾無爲 凝然不動 是辰 卽有會首 據 娑婆世界

모처 모산 모사 청정수월도량 금차 지극지정성 (축원 운운) 우복이 향풍산처
某處 某山 某寺 清淨水月道場 今此 至極至精誠 (祝願 云云) 右伏以 香風散處

외외신 이어단장 옥패명시 소소성 전어감전 공유삼보 위작증명 근소
巍巍身 菠於壇場 玉珮鳴時 蕭蕭聲 傳於紺殿 恭惟三寶 爲作證明 謹疏

불기 년 월 일 병법사문 모 근소
佛紀 年 月 日 秉法沙門 某 謹疏

● 예수시왕생칠재(豫修十王生七齋)

할향(喝香)

일편전단몰가향　수미제일최고강　육수통변훈사계　만리이란일양향

一片栴檀沒價香　須彌第一最高岡　六銖通徧熏沙界　萬里伊蘭一樣香

연향게(燃香偈)

계정혜해지견향　변시방찰상분복　원차향연역여시　훈현자타오분신

戒定慧解知見香　遍十方刹常氛馥　願此香烟亦如是　熏現自他五分身

정례(頂禮)

지심귀명례　시방상주　일체불타야중

志心歸命禮　十方常住　一切佛佗耶衆

지심귀명례　시방상주　일체달마야중

志心歸命禮　十方常住　一切達摩耶衆

지심귀명례　시방상주　일체승가야중

志心歸命禮　十方常住　一切僧伽耶衆

개계소(開啓疏)

(피봉식) 소청문소 배헌시방삼보자존
(皮封式) 召請文疏 拜獻十方三寶慈尊

석가여래 유교제자 봉행가지 병법사문 모 근봉
釋迦如來 遺敎弟子 奉行加持 秉法沙門 某 謹封

수설대회회소
修設大會所

개문 각황수교 현성부지 욕포생사지원 수가자비지력 유시 의경작법 준교가지
蓋聞 覺皇垂敎 賢聖扶持 欲抛生死之源 須假慈悲之力 由是 依經作法 準敎加持

건무애지도량 계굉통지불사 소청즉 대배번개 요영즉 광열향화 불성선이사계
建無碍之道場 啓宏通之佛事 召請則 大排幡盖 邀迎則 廣列香花 佛聲宣而沙界

청량 법고명이시방영정 단장대계 궤범홍진 욕존성현지의 수뢰계백지의 금유
清凉 法鼓鳴而十方寧靜 壇場大啓 軌範弘陳 欲尊聖賢之儀 須賴啓白之意 今有

차일 사바세계 남섬부주 동양 대한민국 모사 청정수월도량 금차지극지정성
此日 裟婆世界 南瞻部洲 東洋 大韓民國 某寺 清淨水月道場 今此至極之精誠

예수시왕생칠지재 동참발원재자 각각등 복위 현증복수 당생정찰지원 금즉 도
預修十王生七之齋 同參發願齋者 各各等 伏爲 現增福壽 當生淨刹之願 今則 道

량엄판 의궤장행 당법연수건지시 내불사초진지제 근구법사 개열우후 운가지
場嚴辨 依軌將行 當法筵首建之時 乃佛事初陳之際 謹具法事 開列于后 云加持

행도 법사일석등 우복이 법음요량 상경구정지천 나발훤굉 하진팔한지옥 관용
行道 法事一席等 右伏以 法音嘹喨 上驚九頂之天 螺鈸喧轟 下震八寒之獄 寬容

70

즉변주사계 광포즉영만시방 삼도팔난이첨은 육취사생이획익 앙유 대각증명

則遍周沙界 廣包則盈滿十方 三途八難以霑恩 六趣四生而獲益 仰唯 大覺證明

표선근소

表宣謹疏

불기 년 월 일 병법사문 모 근소

佛紀 年月日 秉法師門 某 謹疏

합장게(合掌偈)

합장이위화

合掌以爲花

신위공양구

身爲供養具

성심진실상

誠心眞實相

찬탄향연부

讚歎香煙覆

고향게(告香偈)

향연변부삼천계 정혜능개팔만문 유원삼보대자비 문차신향임법회

香烟遍覆三千界 定慧能開八萬門 唯願三寶大慈悲 聞此信香臨法會

■ 통서인유편(通叙因由篇) 第一

개문 여래임입열반 개건생칠지대궤 병사즉등보위 예수시왕지진의 유시 법연

蓋聞 如來臨入涅盤 開建生七之大軌 瓶沙卽登寶位 預修十王之眞儀 由是 法筵

무체 함식유의 현우귀천지도 위존망이대포홍지 뇌옥유침지배 몽비택이식고정

無滯 含識有依 賢愚貴賤之徒 爲存亡而大布弘持 牢獄幽沈之輩 蒙悲澤而息苦停

산 가위자운광피 법우하점 기이제야 유지막론 기획익익야 산지해궁 비유일신
酸 可謂慈雲廣被 法雨遐霑 其利濟也 喻之莫論 算之奚窮 非惟一身

독초삼계 역내복자사생 은점구류 차지대사 실불가의 시야(주) 즉유대단신 금
獨超三界 亦乃福資四生 恩霑九有 此之大事 實不可議 是夜(晝) 卽有大檀信 今

차지극정성 생전예수시왕생칠재 설판재자 모처거주 모인복위 현증복수 당생
此至極精誠 生前豫修十王生七齋 設辦齋者 某處居住 某人伏爲 現增福壽 當生

정찰지원 식준과의 예수시왕생칠지재 이금월금일 취어모사 이대신심 발보리
淨刹之願 式遵科儀 預修十王生七之齋 以今月今日 就於某寺 以大信心 發菩提

원 사세간지진재 건명왕지승회 식진백미 법연삼승 복원 대성대자 삼신대각
願 捨世間之珍財 建冥王之勝會 食陳百味 法演三乘 伏願 大聖大慈 三身大覺

대권대화 제위명관 부사가지 실령원만
大權大化 諸位冥官 俯賜加持 悉令圓滿

정삼업진언
淨三業眞言
옴 사바바바 수다살바 달마 사바바바 수도함 (三遍)

계도도장진언
戒度塗掌眞言
옴 아모가 자라미망기 소로소로 사바하 (三遍)

삼매야계진언
三昧耶戒眞言
옴 삼매야 살다밤 (三遍)

■ 엄정팔방편(嚴淨八方篇) 第二

상부 성단기계 불사방진 장법수이가지 쇄도량이청정 탕제예오 거중마사 범수
詳夫 聖壇旣啓 佛事方陳 將法水以加持 灑道場而淸淨 蕩諸穢汚 祛衆魔邪 凡隨

도이감통 재소구이성취 하유쇄정호마다라니 근당선념
禱而感通 在所求而成就 下有灑淨護魔陀羅尼 謹當宣念

쇄정호마다라니   나무 사만다 못다남 옴 호로호로 지따지따 반다반다 하나하나
灑淨護摩陀羅尼

아니제 흠바탁 (三遍)

관음찬(觀音讚)

반문문성오원통   상동자력하동비
返聞聞性悟圓通

관음불사관음호   삼십이응변진찰
觀音佛賜觀音號   上同慈力下同悲   三十二應遍塵刹

관음청(觀音請)

나무일심봉청 천수천안 대자대비 관세음자재보살마하살 유원불위본서 애민
南無一心奉請 千手千眼 大慈大悲 觀世音自在菩薩摩訶薩 唯願不違本誓 哀愍

유정 강림도량 가지주수 (三請)
有情 降臨道場 加持呪水

향화청 (三說)
香花請

산화락 (三說)
散花落

내림게 (來臨偈)

원강도량 수차공양 (三說)
願降道場 受此供養

가영(歌詠)

일엽홍련재해중
一葉紅蓮在海中

작야보타관자재
昨夜補陀觀自在

벽파심처현신통
碧波深處現神通

금일강부도량중
今日降赴道場中

고아일심귀명정례
故我一心歸命頂禮

걸수게 (乞水偈)

쇄수게 (灑水偈)

금로분기일주향
金爐氣氣一炷香

선청관음강도량
先請觀音降道場

원사병중감로수
願賜瓶中甘露水

소제열뇌획청량
消除熱惱獲清涼

보살유두감로수 菩薩柳頭甘露水
능령일적쇄시방 能令一滴灑十方
성전구예진견제 腥羶垢穢盡鐲除
영차도량실청정 令此道場悉淸淨

쇄정호마다라니 灑淨護摩陀羅尼
나무 사만다 못다남 옴 호로호로 지따지따 반다반다 하나하나
아니제 훔바탁 (三遍)

복청게(伏請偈)

복청대중 伏請大衆
동음창화 同音唱和
신묘장구대다라니 神妙章句大陀羅尼

신묘장구대다라니 神妙章句大多羅尼

나모라 다나 다라 야야 나막 알야 바로기제 새바라야 모지 사다바야 마하 사
다바야 마하 가로 니가야 옴 살바 바예수 다라나 가라야 다사명 나막 가리다
바 이맘 알야 바로기제 새바라 다바 니라간타 나막 하리나야 마발다 이사미
살발타 사다남 수반 아예염 살바 보다남 바바말아 미수다감 다냐타 옴 아로
계 아로가 마지로가 지가란제 혜혜하례 마하 모지 사다바 사마라 사마라 하
리나야 구로구로 갈마 사다야 사다야 도로도로 미연제 마하 미연제 다라다라

다린나례 새바라 자라자라 마라 미마라 아마라 몰제 예혜혜 로계 새바라 라

아미사미 나사야 나베 사미 사미 나사야 모하자라 미사미 나사야 호로호로

마라 호로 하례 바나마 나바 사라사라 시리시리 소로소로 못자못자 모다야

모다야 메다리야 니라간타 가마사 날사남 바라 하리나야 마낙 사바하 싣다야

사바하 마하 싣다야 사바하 싣다유예 새바라야 사바하 니라 간타야 사바하

바라하 목카 싱하 목카야 사바하 바나마 하따야 사바하 자가라 욕다야 사바

하 상카 섭나네 모다나야 사바하 마하라 구타 다라야 사바하 바마 사간타 이

사 시체다 가릿나 이나야 사바하 먀가라 잘마 이바 사나야 사바하 「나모라

다나 다라 야야 나막 알야 바로기제 새바라야 사바하」 (三遍)

사방찬(四方讚)

일쇄동방결도량 이쇄남방득청량 삼쇄서방구정토 사쇄북방영안강
一灑東方潔道場 二灑南方得清涼 三灑西方俱淨土 四灑北方永安康

엄정게(嚴淨偈)

도량청정무하예 삼보천룡강차지 아금지송묘진언 원사자비밀가호
道場清淨無瑕穢 三寶天龍降此地 我今持誦妙眞言 願賜慈悲密加護

참회게 (懺悔偈)

아석소조제악업 개유무시탐진치 종신구의지소생 일체아금개참회

我昔所造諸惡業　皆由無始貪瞋癡　從身口意之所生　一切我今皆懺悔

참회진언
懺悔眞言

옴 살바 못자 모지 사다야 사바하 (三七遍)

※ 참회진언 후 설법의식이 거행되며、 설법 생략 시는 바로 개단진언(開壇眞言)을 거행한다。

■ 설법의식 (說法儀式)　※ 연비 거량(擧揚) 후 說法可也 ⇨ p。二三二。

개단진언
開壇眞言

옴 바아라 노아로 다가다야 삼마야 바라베 사야훔 (三遍)

건단진언
建壇眞言

옴 난다난다 나지나지 난다바리 사바하 (三遍)

결계진언
結界眞言

옴 마니미야예 다라다라 훔훔 사바하 (三遍)

■ 주향통서편(呪香通序篇) 第三

절이 백화인온 육수복욱 재설일로지상 보훈제찰지중 결서애이위대 취상연이
切以 百和氳氳 六銖馥郁 纔爇一爐之上 普熏諸刹之中 結瑞靄以爲臺 聚祥煙而

작개 위운위우 흥복흥상 시방제성무불문 삼유중생무불도 금자분향 유다라니
作蓋 爲雲爲雨 興福興祥 十方諸聖無不聞 三有衆生無不度 今者焚香 有陀羅尼

근당선념 원령보훈 변주사계
謹當宣念 願令普熏 遍周沙界

분향진언
焚香眞言

옴 도바시계 구로 바아리니 사바하 (三遍)

■ 주향공양편(呪香供養篇) 第四

계향 정향 혜향 해탈향 해탈지견향 광명운대 주변법계 공양시방무량불 공양
戒香 定香 慧香 解脫香 解脫知見香 光明雲臺 周遍法界 供養十方無量佛 供養

시방무량법 공양시방무량승 우부공양 시방무량진재 삼계일체만령 복원 견문
十方無量法 供養十方無量僧 又復供養 十方無量眞宰 三界一切萬靈 伏願 見聞

보훈증상락 법계중생역여시 「마하반야바라밀」 (三說)
普熏證常樂 法界衆生亦如是 摩訶般若婆羅蜜

78

□ 사 자 단 (使者壇) □

■ 소청사자편 (召請使者篇) 第五

거불 (擧佛)

나무 시방상주불
南無 十方常住佛

나무 시방상주법
南無 十方常住法

나무 시방상주승
南無 十方常住僧

소청사자소 (召請使者疏)

(피봉식) 소청문소 배헌사직사자등중
(皮封式) 召請文疏 拜獻四直使者等衆

석가여래 유교제자 봉행가지 병법사문 모 근봉
釋迦如來 遺教弟子 奉行加持 秉法沙門 某 謹封

수설명사승회소
修設冥司勝會所

문 금인수상 시중토지화신
聞 金人垂相 示中土之化身

옥교유자 민남주지열배 연범정거통성의 황속체난
玉教流慈 憫南洲之劣輩 然凡情詎通聖意 況俗體難

조유관 약욕청소성현 필수가어사자 유시 즉유 대한민국 모처거주 모인복위
造幽關 若欲請召聖賢 必須假於使者 由是 即有 大韓民國 某處居住 某人伏爲

현증복수 당생정찰지원 예수시왕생칠지재 근명병법사리일원 급법사승일단이
現增福壽 當生淨刹之願 豫修十王生七之齋 謹命秉法闍梨一員 及法事僧一壇 以

금월금일 취어모사 개치명사 시왕도량 약일야 (주) 양번발첩 결계건단 식준과
今月今日 就於某寺 開峙冥司 十王道場 約一夜(畫) 揚幡發牒 結界建壇 式遵科

의 특비명전 향화등촉 다과진식 공양지의 단청 년직사천사자 월직공행사자
儀 特備冥錢 香花燈燭 茶果珍食 供養之儀 端請 年直四天使者 月直空行使者

일직지행사자 시직염마사자 우복이 총명정직 첩질지부 기내야 신약뇌분 기거
日直地行使者 時直琰魔使者 右伏以 聰明正直 捷疾持符 其來也 迅若雷奔 其去

야 속여전급 위풍막칙 성력난사 불위유명지기 윤부무사지망 금년금월 금일금
也 速如電急 威風莫測 聖力難思 不違有命之期 允副無私之望 今年今月 今日今

시 행걸신자 동수광강 앙유지덕 부찰우충 근소
時 幸乞神慈 同垂光降 仰唯至德 俯察愚衷 謹疏

불기 모년 모월 모일 법사사문 모 근소
佛紀 某年 某月 某日 法事沙門 某 謹疏

진령게 (振鈴偈)

이차진령신소청
以此振鈴伸召請

사직사자원요지　원승삼보력가지　금일(야)금시내부회
四直使者願遙知　願承三寶力加持　今日(夜)今時來不會

소청사자진언
召請使者眞言

옴 보리 가다리 이라가다야 사바하 (三遍)

유치(由致)

절이 무공왈도 불측왈신 신이화지 변통망극 공유 사직사자 신공호호 성덕외
切以 無功曰道 不測曰神 神而化之 變通罔極 恭惟 四直使者 神功浩浩 聖德巍

외 집명계지부문 작인간지첩사 왕반사수 회선경각 기사주선악지다소 주십전
巍 執冥界之符文 作人間之捷使 往返斯須 廻旋頃刻 記四洲善惡之多少 奏十殿

명왕지성총 추호불특 정직무사 약불가어위신 수능달어지성 유시 즉유대한민
冥王之聖聰 秋毫不忒 正直無邪 若不假於威神 誰能達於至聖 由是 卽有大韓民

국 모처거주 재자 모인복위 현증복수 당생정찰지원 식준과의 엄비명전 예수
國 某處居住 齋者 某人伏爲 現增福壽 當生淨刹之願 式遵科儀 嚴備冥錢 豫修

시왕생칠지재 이 금월금일 취어모사 수월도량 광열향화 선위공양 복원 부강
十王生七之齋 以 今月今日 就於某寺 水月道場 廣列香花 先爲供養 伏願 俯降

향단 만위단나지원 내림법회 극부이제지심 전신찬어 차전청사 근병일심 선진
香壇 滿慰壇那之願 來臨法會 克符利濟之心 前伸讚語 次展請詞 謹秉一心 先陳

삼청
三請

일심봉청 신통자재 위덕난량 감재직부 사직사자등 유원승 삼보력 강림도량
一心奉請 神通自在 威德難量 監齋直符 四直使者等 唯願承 三寶力 降臨道場

수차공양 (三請)
受此供養

향화청 (三說)
香花請

가영(歌詠)

분장보첩응군기 백억진환일념기
分將報牒應群機 百億塵寰一念期

명찰인간통수부 주행신속전광휘
明察人間通水府 周行迅速電光輝

고아일심귀명정례
故我一心歸命頂禮

■ **안위공양편**(安位供養篇) 第六

개문 위풍정특 신변난사 응시주건각지심 부원언분림어회 여시사자 이계도량
蓋聞 威風挺特 神變難思 應施主虔恪之心 赴願言賁臨於會 如是使者 已屆道場

대중건성 풍송안좌
大衆虔誠 諷誦安座

헌좌게(獻座偈)

아금경설보엄좌　봉헌사직사자전　원멸진로망상심　속원해탈보리과
我今敬設寶嚴座　奉獻四直使者前　願滅塵勞妄想心　速圓解脫菩提果

헌좌진언
獻座眞言

옴 가마라 승하 사바하 (三遍)

욕건만나라 선송 정법계진언　옴 남 (二七遍)
欲建曼拏羅 先誦 淨法界眞言

다게(茶偈)

청정명다약　능제병혼침　유기사자중　원수애납수
清淨茗茶藥　能除病昏沈　惟冀使者衆　願垂哀納受

원수애납수　원수애납수　원수자비애납수
願垂哀納受　願垂哀納受　願垂慈悲哀納受

진공진언
進供眞言

옴 반자 사바하 (三遍)

기성가지(祈聖加持)

香羞羅列 齋者虔誠 欲求供養之周圓 須仗加持之變化 仰唯三寶 特賜加持

향수나열 재자건성 욕구공양지주원 수장가지지변화 앙유삼보 특사가지

「나무시방불 나무시방법 나무시방승」(三說)

南無十方佛　南無十方法　南無十方僧

무량위덕 자재광명 승묘력 변식진언

無量威德　自在光明　勝妙力　變食眞言

나막 살바다타 아다 바로기제 옴 삼바라 삼바라 훔 (三遍)

시감로수진언

施甘露水眞言

나무 소로바야 다타아다야 다냐타 옴 소로소로 바라소로
바라소로 사바하 (三遍)

일자수륜관진언

一字水輪觀眞言

옴 밤 밤밤 (三遍)

유해진언

乳海眞言

나무 사만다 못다남 옴 밤 (三遍)

오공양(五供養)

상래 가지이흘 上來 加持已訖 공양장진 供養將陳 이차향수 以此香羞 특신공양 特伸供養

향공양연향공양 香供養燃香供養 등공양연등공양 燈供養燃燈供養 다공양선다공양 茶供養仙茶供養

과공양선과공양 果供養仙果供養 화공양선화공양 花供養仙花供養 미공양향미공양 米供養香米供養

유원사직사자 唯願四直使者 영기등중 靈祇等衆 애강도량 哀降道場 불사자비 不捨慈悲 수차공양 受此供養

가지게(加持偈)

이차가지묘공구 以此加持妙供具 공양년직사천사자중 供養年直四天使者衆

이차가지묘공구 以此加持妙供具 공양월직공행사자중 供養月直空行使者衆

이차가지묘공구 以此加持妙供具 공양일직지행사자중 供養日直地行使者衆

이차가지묘공구 以此加持妙供具 공양시직염마사자중 供養時直琰魔使者衆

실개수공발보리 悉皆受供發菩提 시작불사도중생 施作佛事度衆生

보공양진언 普供養眞言

옴 아아나 삼바바 바라 훔 (三遍)

보회향진언 普回向眞言

옴 삼마라 삼마라 미만나 사라마하 자거라바 훔 (三遍)

마하반야바라밀다심경 摩訶般若波羅蜜多心經

관자재보살 행심반야바라밀다시 조견오온개공 도일체고액 사리자 색불이공
觀自在菩薩 行深般若波羅蜜多時 照見五蘊皆空 度一切苦厄 舍利子 色不異空

공불이색 색즉시공 공즉시색 수상행식 역부여시 사리자 시제법공상 불생불멸
空不異色 色卽是空 空卽是色 受想行識 亦復如是 舍利子 是諸法空相 不生不滅

불구부정 부증불감 시고공중무색 무수상행식 무안이비설신의 무색성향미촉법
不垢不淨 不增不減 是故空中無色 無受想行識 無眼耳鼻舌身意 無色聲香味觸法

무안계 내지무의식계 무무명 역무무명진 내지무노사 역무노사진 무고집멸도
無眼界 乃至無意識界 無無明 亦無無明盡 乃至無老死 亦無老死盡 無苦集滅道

무지역무득 이무소득고 보리살타 의반야바라밀다고 심무가애 무가애고 무유
無智亦無得 以無所得故 菩提薩埵 依般若波羅蜜多故 心無罣礙 無罣礙故 無有

공포 원리전도몽상 구경열반 삼세제불 의반야바라밀다고 득아뇩다라삼먁삼보
恐怖 遠離顚倒夢想 究竟涅槃 三世諸佛 依般若波羅蜜多故 得阿耨多羅三藐三菩

86

리 고지반야바라밀다 시대신주 시대명주 시무상주 시무등등주 능제일체고
提 故知般若波羅蜜多 是大神呪 是大明呪 是無上呪 是無等等呪 能除一切苦

진실불허 고설반야바라밀다주 즉설주왈
眞實不虛 故說般若波羅蜜多呪 卽說呪曰

「아제아제 바라아제 바라승아제 모지 사바하」(三遍)

금강반야바라밀경찬
金剛般若波羅蜜經讚

여시아문 선남자선여인 수지독송 차경찬일권
女是我聞 善男子善女人 受持讀誦 此經纂一卷 如轉金剛經

가호 중성제휴 국건대력칠년 비산현령 유씨여자 년일십구세 신망지칠일 득견
加護 衆聖提攜 國建大曆七年 毘山懸令 劉氏女子 年一十九歲 身亡至七日 得見

염라대왕 문왈 일생이래 작하인연 여자답왈 일생이래 편지득금강경 우문왈
閻羅大王 問曰 一生已來 作何因緣 女子答曰 一生已來 偏持得金剛經 又問曰

하불념금강경찬 여자답왈 연세상무본 왕왈 방여환활 분명기취 경문 종여시아
何不念金剛經纂 女子答曰 緣世上無本 王曰 放汝還活 分明記取 經聞 從如是我

문 지신수봉행 도계오천일백사십구자 육십구불 오십일세존팔십오여래 삼십칠
聞 至信受奉行 都計五千一百四十九字 六十九佛 五十一世尊八十五如來 三十七

보살 일백삼십팔수보리 이십육선남자선여인 삼십팔하이고 삼십육중생 삼십일
菩薩 一百三十八須菩提 二十六善男子善女人 三十八何以故 三十六衆生 三十一

어의운하 삼십여시 이십구아뇩다라삼먁삼보리 이십일보시 십팔복덕 일십삼항
於意云何 三十如是 二十九阿耨多羅三藐三菩提 二十一布施 十八福德 二十三恒

하사 십이미진 칠개삼천대천세계 칠개삼십이상 팔공덕 팔장엄 오바라밀 사수
河沙 十二微塵 七箇三千大千世界 七箇三十二相 八功德 八莊嚴 五波羅蜜 四須

다원 사사다함 사아나함 사아라한 차시사과선인 여아석위가리왕 할절신체 여
陀洹 四斯陀含 四阿那含 四阿羅漢 此是四果僊人 如我昔爲歌利王 割截身體 如

아왕석 절절지해시 약유아상인상중생상수자상 일일무아견인견중생견수자견
我往昔 節節支解時 若有我相人相衆生相壽者相 一一無我見人見衆生見壽者見

삼비구니수내 칠사구게 「마하반야바라밀」(三說)
三比丘尼數內 七四句偈 摩訶般若波羅蜜

불설소재길상다라니
佛說消災吉祥陀羅尼

나무 사만다 못다남 아바라지 하다사 사나남 다냐타 옴 카카 카혜 카혜 훔훔 아바라 아바라 바라아바라 바라아바라 지따 지따 지리 지리 빠다 빠다 선지
가 시리예 사바하 (三遍)

대원성취진언
大願成就眞言

옴 아모카 살바다라 사다야 시베 훔 (三遍)

보궐진언
補闕眞言

옴 호로호로 사야목계 사바하 (三遍)

제성자풍수불호　명왕원해최난궁　오통신속우난측　명찰인간순식중

　諸聖慈風誰不好　冥王願海最難窮　五通迅速尤難測　明察人間瞬息中

탄백 (歎白)

※ 탄백 후 화청(和請)을 거행할 수도 있다.

행첩소 (行牒疏)

（피봉식） 근비문첩　배헌사계지부사자

（皮封式）　謹備文疏　拜獻四界持符使者

석가여래　유교제자　봉행가지　병법사문　모　근봉

釋迦如來　遺敎弟子　奉行加持　秉法沙門　某　謹封

수설명사승회소

修設冥司勝會所

거　사바세계　남섬부주　동양　대한민국　모처거주　모인　소신정지　복위현증복수

擧　娑婆世界　南瞻部洲　東洋　大韓民國　某處居住　某人　所伸情志　伏爲現增福壽

당생정찰지원　예수시왕생칠지재　근명병법사리일원　급법사승일단　이금월금일

當生淨刹之願　豫修十王生七之齋　謹命秉法闍梨一員　及法事僧一壇　以今月今日

취어 모사 특개명사시왕도량 약일야(주) 양번발첩 결계건단 식준과의 엄비명
就於 某寺 特開冥司十王道場 約一夜(晝) 揚幡發牒 結界建壇 式遵科儀 嚴備冥

전 향화등촉 다과진식 공양지의 근지황흑이도 보신영청 대성대자 법보화삼신
錢 香花燈燭 茶果珍食 供養之儀 謹持黃黑二道 普伸迎請 大聖大慈 法報化三身

제불 지장대성 육광보살 도명무독 육대천조 일체성현등중 차급소청 대범천왕
諸佛 地藏大聖 六光菩薩 道明無毒 六大天曹 一切聖賢等衆 次及召請 大梵天王

제석천왕 사대천왕 일체권속등중 차급소청 십대명왕 태산부군 이십육위판관
帝釋天王 四大天王 一切眷屬等衆 次及召請 十大冥王 泰山府君 二十六位判官

삼십칠위귀왕 삼원장군 오도대신등중 차급소청 제위명관 안열제사 판관귀왕
三十七位鬼王 三元將軍 五道大神等衆 次及召請 諸位冥官 案列諸司 判官鬼王

선악이부 감재직부 사직사자 우두아방 졸리제반 부지명위 난사난량 일체권속
善惡二符 監齋直符 四直使者 牛頭阿房 卒吏諸班 不知名位 難思難量 一切眷屬

등중 함기 상준밀어 부감정성 극어자시지전 장차가지지력 각의품서 제부법연
等衆 咸冀 上遵密語 府鑑精誠 克於子時之前 仗此加持之力 各依品叙 齊赴法筵

수금시주 광대공양 우앙사직사자 뇌지문첩 상유천계 하급유명 속질변청 함준
受今施主 廣大供養 右仰四直使者 賷持文牒 上遊天界 下及幽冥 速疾遍請 咸準

법연 불탄구로 희무위체 근첩
法筵 不憚劬勞 希毋達滯 謹牒

불기 모년 모월 모일 법사사문 모압 근소
佛紀 某年 某月 某日 法事沙門 某押 謹疏

■ 봉송사자편(奉送使者篇) 第七

상래문첩 선독이주 신덕무사 양수통감 자자 즉몽영향 갱독종용 문첩행사어뇌
上來文牒 宣讀已周 神德無私 諒垂洞鑑 玆者 卽蒙靈享 更讀從容 文牒幸謝於賫

지 운정원희어치부 고오불여래 유봉송사자다라니 근당선념
持 雲程願希於馳赴 故吾佛如來 有奉送使者陀羅尼 謹當宣念

봉송진언
奉送眞言

　　　옴 바아라 사다 목차목 (三遍)

봉송게(奉送偈)

봉송사자귀소속 불위불어도군미 보기시분총내림 유원사자등운로 (三說)
奉送使者歸所屬 不違佛語度群迷 普期時分摠來臨 唯願使者登雲路

분장보첩응군기 백억진환일념기 명찰인간통수부 주행신속전광휘
分將報牒應群機 百億塵寰一念期 明察人間通水府 周行迅速電光輝

탄백(歎白)

청장(請狀)

(피봉식) 소청문소 배헌명부성현지중
(皮封式) 召請文疏 拜獻冥府聖賢之衆

석가여래 유교제자 봉행가지 병법사문 모압 근봉
釋迦如來 遺教弟子 奉行加持 秉法沙門 某押 謹封

거사바세계 차사천하 남섬부주 해동 대한민국 모처거주 모인 특위기신 현증
據 裟婆世界 此四天下 南贍部洲 海東 大韓民國 某處居住 某人 特爲已身 現增

복수 당생정찰지원 취어모사 이금월금일 건설법연 앙고남방화주 지장대성위
福壽 當生淨刹之願 就於某寺 以今月今日 虔說法筵 仰告南方化主 地藏大聖爲

수도명무독 양대성자 범석호세육대천주 명부시왕 제조판관귀왕 장군동자사
首道明無毒 兩大聖者 梵釋護世六大天主 冥府十王 諸曹判官鬼王 將軍童子使

자제령재등 진지부계 일체성현중 불사자비 적어금야 문봉청지음 구림법회
者諸靈宰等 盡地府界 一切聖賢衆 不捨慈悲 的於今夜 聞奉請之音 俱臨法會

흠수공양자 제자무임간기지지 근장
欽受供養者 弟子無任懇祈之至 謹狀

불기 모년 모월 모일장 석가여래 유교제자 봉행가지 법사사문 모압
佛紀 某年 某月 某日狀 釋迦如來 遺教弟子 奉行加持 法事沙門 某押

물장(物狀)

(피봉식) 지계문첩배헌 사직지부사자
(皮封式) 地界文牒拜獻 四直持符使者

석가여래 유교제자 봉행가지 병법사문 모압 근봉
釋迦如來 遺教弟子 奉行加持 秉法沙門 某押 謹封

거 사바세계 차사천하 남섬부주 해동 대한민국 모처거주 모인 특위모인영가
據 裟婆世界 此四天下 南贍部洲 海東 大韓民國 某處居住 某人 特爲某人靈駕

왕생정찰지원 취어모사 이금월금일 수설명사 시왕성재 다과반병 금은전운마
往生淨刹之願 就於某寺 以今月今日 修設冥司 十王聖齋 茶果飯餅 金銀錢雲馬

낙타 청정공구 유시근구 장표일함 복청지부성중 제조진재 부지명위 일체권속
駱駝 清淨供具 惟是謹具 章表一緘 伏請地府聖衆 諸曹眞宰 不知名位 一切眷屬

구림법연 흠수공양자 제자무임간도지지 근장
俱臨法筵 欽受供養者 弟子無任懇禱之至 謹狀

불기 모년 모월 모일 석가여래 유교제자 봉행가지 법사사문 모압
佛紀 某年 某月 某日 釋迦如來 遺教弟子 奉行加持 法事沙門 某押

보회향진언
普回向眞言

옴 삼마라 삼마라 미만나 사라마하 자거라바 훔 (三遍)

□ 상단소청(上壇召請) □

차상단(목욕소 즉별작오구、위비즉삼신패、육광패、천조패、도명무독패、범석천왕패야)
次上壇(沐浴所 則別作五區、位牌則三身牌、六光牌、天曹牌、道明無毒牌、梵釋天王牌也)

■ 소청성위편(召請聖位篇) 第八

거불(擧佛)

나무 청정법신 비로자나불
南無 淸淨法身 毘盧遮那佛

나무 원만보신 노사나불
南無 圓滿報身 盧舍那佛

나무 천백억화신 석가모니불
南無 千百億化身 釋迦牟尼佛

소청성위소(召請聖位疏)

소청문소 배헌시방삼보자존
召請文疏 拜獻十方三寶慈尊

(피봉식)
(皮封式)

소청성위소 배헌시방삼보자존
召請文疏 拜獻十方三寶慈尊

석가여래 유교제자 봉행가지 병법사문 모 근봉
釋迦如來 遺敎弟子 奉行加持 秉法沙門 某 謹封

94

수설명사승회소
修設冥司勝會所

복문 묘화무방 필수기이현상 성은광시 단응물이이생 금진묘공 앙망금용 시신
伏聞 妙化無方 泌隨機而現相 聖恩廣施 但應物以利生 今陳妙供 仰望金容 是晨

즉유사바세계 남섬부주 동양 대한민국 모처거주 모인복위 현증복수 당생정찰
卽有娑婆世界 南贍部洲 東洋 大韓民國 某處居住 某人伏爲 現增福壽 當生淨刹

지원 예수시왕생칠지재 요명병법사리일원 급법사승일단 이금월금일 취어모사
之願 豫修十王生七之齋 邀命秉法闍梨一員 及法師僧一壇 以今月今日 就於某寺

개치명사 시왕도량 약일야(주) 양번발첩 결계건단 식준과의 특비명전 향화등
開置冥司 十王道場 約一夜(晝) 揚幡發牒 結界建壇 式遵科儀 特備冥錢 香花燈

촉 다과진식 공양지의 근지황도 소청법보화삼신제불 지장대성 육광보살 응화
燭 茶果珍食 供養之儀 謹持黃道 召請法報化三身諸佛 地藏大聖 六光菩薩 應化

천조 도명무독 일체성현등중 근구칭양 영청우후
天曹 道明無毒 一切聖賢等衆 謹具稱揚 迎請于后

일심봉청 청정법신 비로자나불
一心奉請 清淨法身 毘盧遮那佛

일심봉청 원만보신 노사나불
一心奉請 圓滿報身 盧舍那佛

일심봉청 천백억화신 석가모니불
一心奉請 千百億化身 釋迦牟尼佛

일심봉청 원성비지 대성지장왕보살
一心奉請 圓成悲智 大聖地藏王菩薩

일심봉청 함등각위 증법도생 육광보살
一心奉請 咸登覺位 證法度生 六光菩薩

일심봉청 흥비강적 응화삼신 육대천조
一心奉請 興悲降迹 應化三身 六大天曹

일심봉청 입대서원 조불양화 도명존자
一心奉請 立大誓願 助佛揚化 道明尊者

일심봉청 발홍서원 조양진화 무독귀왕
一心奉請 發弘誓願 助揚眞化 無毒鬼王

일심봉청 범석이주 사대천왕중
一心奉請 梵釋二主 四大天王衆

우복이 불은주비 불위유감지심 법력난사 능제무변지중 복걸각천금상 자광보
右伏以 佛恩周庇 不違有感之心 法力難思 能濟無邊之衆 伏乞覺天金相 慈光普

조어범정 공계진령 위덕감통어차지 금수정공 망사애련 출정광림 화남근소
照於凡情 空界眞靈 威德感通於此地 今修淨供 望賜哀憐 出定光臨 和南謹疏

앙유 대각증명 근소
仰惟 大覺證明 謹疏

불기 모년 모월 모일 병법사문 모 근소
佛紀 某年 某月 某日 秉法沙門 某 謹疏

진령게(振鈴偈)

이차진령신소청　시방불찰보문지　원차영성변법계　무변불성함래집
以此振鈴伸召請　十方佛刹普聞知　願此鈴聲遍法界　無邊佛聖咸來集

청제여래진언
請諸如來眞言

옴 미보라 바라라례 도로도로 훔훔 (三遍)

청제현성진언
請諸賢聖眞言

옴 아가로 모항살바 달마나아야 나녹다 반나다 (三遍)

유치(由致)

개문 월조장공 영낙천강지수 능인출세 지투만휘지기 시이 강수정이추월림 신
蓋聞 月照長空 影落千江之水 能仁出世 智投萬彙之機 是以 江水淨而秋月臨 信

심생이제불강 여래진실지 비민제중생 원지건성례 수자작증명 일심계수 귀명
心生而諸佛降 如來眞實智 悲愍諸衆生 願知虔誠禮 垂慈作證明 一心稽首 歸命

례청
禮請

청사(請詞)

일심봉청 삼세본염 기어무기 무기즉변 대원경지 성범동체 법이원상 대소지체
一心奉請 三細本染 起於無起 無起卽變 大圓鏡智 聖凡同體 法爾圓常 大小之體

변만법계 표리통철 청정법신 비로자나불 유원자비 강림도량 증명공덕

遍滿法界 表裏通徹 清淨法身 毘盧遮那佛 唯願慈悲 降臨道場 證明功德

향화청 (三說)

香花請

가영(歌詠)

초명안첩기황주　옥백제후차제투

蠨螟眼睫起皇州　玉帛諸侯次第投

천자임헌논토광　태허유시일부구

天子臨軒論土廣　太虛猶是一浮漚

고아일심귀명정례

故我一心歸命頂禮

청사(請詞)

일심봉청 구상본인 총제항사 분별명상 변동태허 평등성지 현발무애 자수과원

一心奉請 九相本因 摠諸恒沙 分別名相 變同太虛 平等性智 現發無礙 自受果圓

자타수용 출입잉본 수기설법 도제유정 원만보신 노사나불 유원자비 강림도량

自他受用 出入仍本 隨機說法 度諸有情 圓滿報身 盧舍那佛 唯願慈悲 降臨道場

증명공덕

證明功德

향화청 (三說)
香花請

가영(歌詠)

해상증영내외가 海上曾營內外家
왕래상속기수파 往來相續幾隨波
일조고로수평탄 一條古路雖平坦
구습의연주양차 舊習依然走兩叉
고아일심귀명정례 故我一心歸命頂禮

청사(請詞)

일심봉청 一心奉請
적육단상 赤肉團上
망계차별 妄計差別
지망즉각 知妄即覺
변성대도 便成大道
보응군기 普應群機
여월인해 如月印海
영영개진 影影皆眞

묘관찰지 妙觀察智
성소작지 成所作智
일체주변 一體周偏
수기설법 隨機說法
대비제물 大悲濟物
천백억화신 千百億化身
석가모니불 釋迦牟尼佛
유원 唯願

자비 慈悲
강림도량 降臨道場
증명공덕 證明功德

향화청 (三說)
香花請

가영(歌詠)

월마은한전성원　月磨銀漢轉成圓　소면서광조대천　素面舒光照大千

연비산산공착영　連臂山山空捉影　고륜본불락청천　孤輪本不落靑天

고아일심귀명정례　故我一心歸命頂禮　（以上　上上壇）

청사(請詞)

일심봉청　一心奉請　대비위본　大悲爲本　음양이계　陰陽二界　현무변신　現無邊身　광제군미　廣濟群迷　세존수화　世尊收化　이백불언　而白佛言　말세중생　末世衆生

아내진도　我乃盡度　거환희국　居歡喜國　남방화주　南方化主　금일도량　今日道場　약불강림　若不降臨　서원안재　誓願安在　시아본존　是我本尊　지장대성　地藏大聖

위수　용수보살　爲首　龍樹菩薩　관세음보살　觀世音菩薩　상비보살　常悲菩薩　다라니보살　陀羅尼菩薩　금강장보살　金剛藏菩薩　유원자비　唯願慈悲　강림도　降臨道

량　증명공덕　場　證明功德

향화청 (三說)　香花請

가영(歌詠)

장상명주일과한 掌上明珠一顆寒
자연수색변래단 自然隨色辨來端

기회제기친분부 幾廻提起親分付
암실아손향외간 闇室兒孫向外看
고아일심귀명정례 故我一心歸命頂禮 (以上 上中壇)

청사(請詞)

일심봉청 一心奉請 제성흥비 諸聖興悲 강적영관 降迹靈官 육반신화 六般神化 동시제물 同時濟物 비로자나 毘盧遮那 화신천조 化身天曹 응신천조 應身天曹

법신천조 法身天曹 대지노사나 大智盧舍那 화신지부 化身地府 대신천조 大神天曹 미륵화신 彌勒化身 태산부군천조 泰山府君天曹 남방노인지 南方老人 地

장화신천조 藏化身天曹 유원자비 唯願慈悲 강림도량 降臨道場 증명공덕 證明功德

향화청 (三說)
香花請

가영(歌詠)

성화천조현대기 聖化天曹現大機
시방풍월속명사 十方風月屬冥司

몰현금상재경이 沒絃琴上才傾耳
육률청음주일시 六律清音奏一時
고아일심귀명정례 故我一心歸命頂禮

일심봉청 개어본인 입대서원 일현자용 일현위상 시아지장 조양진화 도명존자
一心奉請 皆於本因 立大誓願 一現慈容 一現威相 侍我地藏 助揚眞化 道明尊者

무독귀왕 유원자비 강림도량 증명공덕
無毒鬼王 唯願慈悲 降臨道場 證明功德

향화청 (三說)
香花請

가영(歌詠)

무독왕수일도명 양가진속작동행
無毒王隨一道明 兩家眞俗作同行

남방좌하참진성 대진현풍제유정
南方座下參眞聖 大振玄風濟有情

고아일심귀명정례
故我一心歸命頂禮

청사(請詞)

일심봉청 명찰음양 선악인과 상선벌악 비열철륜 영복악마 경앙남방 무변신화
一心奉請 明察陰陽 善惡因果 賞善罰惡 飛熱鐵輪 令伏惡魔 敬仰南方 無邊身化

주 각령위신 호법이물 대범천왕 제석천왕 동방지국천왕 남방증장천왕 서방광
主 各逞威神 護法利物 大梵天王 帝釋天王 東方持國天王 南方增長天王 西方廣

목천왕 북방다문천왕 유원자비 강림도량 증명공덕
目天王 北方多聞天王 唯願慈悲 降臨道場 證明功德

향화청 (三說)
香花請

가영(歌詠)

이세영웅각진방　대공쟁탈법중왕
理世英雄各鎮方　大功爭奪法中王

고래남국명환희　야임제공정기강
故來南國名歡喜　也任諸公正紀綱

고아일심귀명정례 (以上 上下壇)
故我一心歸命頂禮

※ 관욕의식 생략 시 ⇨ p. 一〇七。 염화게。

＜관욕의식＞

■ 봉영부욕편(奉迎赴浴篇) 第九

앙유 여래대지 보살현성 종본원이흥비 서권형이응감 처처탄 홍련보인 두두현
仰惟 如來大智 菩薩賢聖 從本願以興悲 誓權形而應感 處處綻 紅蓮寶印 頭頭現

금색묘신 수자접물 이락군품 여시제성 이강도량 대중성발 청영부욕
金色妙身 垂慈接物 利樂群品 如是諸聖 已降道場 大衆聲鈸 請迎赴浴

정로진언
正路眞言

옴 소싯디 나자리다라 나자리다라 모라다예 자라자라 만다
만다 하나하나 훔 바탁 (三遍) (引入浴室)

비람원내강생시
毘藍園內降生時

입실게(入室偈)

금색묘신무염피　　범정이익임하측
金色妙身無染疲　　凡情利益臨河側

금관도생역부의
今灌度生亦復宜

(요잡시 유나 시삼신불패、찰중 시육광패、기사 시천조패、입승 시도명무독패、종두 시범석
繞匝時 維那 侍三身佛牌、察衆 侍六光牌、記事 侍天曹牌、立繩 侍道明無毒牌、鍾頭 侍梵釋

사왕패、입어욕실전 지악운야
四王牌、入於浴室前 止樂云也)

■ 찬탄관욕편(讚歎灌浴篇) 第十

절이 무위파측 유상난사 거진이불염어진 이상이유권지상 신기청정 하수목욕
切以 無爲叵測 有相難思 居塵而佛染於塵 離相而有權之相 身旣淸淨 何須沐浴

실위범정이납욕 하유관목지게 대중수언후화
實爲凡情而納浴 下有灌沐之偈 大衆隨言后和

구룡찬(九龍讚)

오방사해구룡왕　　증회비람토수앙　　범정이익임하측　　금관도생만난당
五方四海九龍王　　曾會毘藍吐水昻　　凡情利益臨河側　　今灌度生滿蘭堂

관욕게(灌浴偈)

아금관목성현중　　정지공덕장엄취　　원제오탁중생류　　당증여래정법신
我今灌沐聖賢衆　　淨智功德莊嚴聚　　願諸五濁衆生類　　當證如來淨法身

목욕진언

沐浴眞言

옴 디사디사 싱가 사바하 (三遍)

(유나등 케우장외 묵상제불 관목지의)
(維那等 跪于帳外 默想諸佛 灌沐之儀)

앙유성현 출어난탕 부게적지화연 수정엄지공양 하유헌수지게 대중수언후화
仰惟聖賢 出於蘭湯 赴憩寂之花筵 受精嚴之供養 下有獻水之偈 大衆隨言后和

헐욕게(歇浴偈)

이본청정수 관욕무구신 불사본서원 증명아불사
以本淸淨水 灌浴無垢身 不捨本誓願 證明我佛事

헌수게(獻水偈)

금장감로수 봉헌삼보전 불사대자비
今將甘露水 奉獻三寶前 不捨大慈悲

원수애납수 원수애납수 원수자비애납수
願垂哀納受 願垂哀納受 願垂慈悲哀納受

■ **인성귀위편**(引聖歸位篇) 第十一

복이 난탕욕신 묘촉선명 앙희성현지존 중운자비지의 출어정실 서보화연 대중
伏以 蘭湯浴身 妙觸宣明 仰希聖賢之尊 重運慈悲之意 出於淨室 徐步華筵 大衆

무로 재신영인
無勞 再伸迎引

以上 灌浴儀式 終

염화게 (拈花偈、一名 說禪偈)

영축염화시상기　긍동부목접맹귀　음광불시미미소　무한청풍부여수
靈鷲拈花示上機　肯同浮木接盲龜　飮光不是微微笑　無限淸風付與誰

산화락 (三說)
散花落

나무 영산회상 불보살 (三說)
南無 靈山會上 佛菩薩

(거영산잡 지법당전이지악 삼신패 육광패 즉법당문내하련 천조패등 문외하연 지악)
(擧靈山匝 至法堂前而止樂 三身牌 六光牌 則法堂門內下輦 天曹牌等 門外下輦 止樂)

좌불게 (坐佛偈)

강림천엽보련대　보살성문연각중　유원불사대자비
降臨千葉寶蓮臺　菩薩聲聞緣覺衆　惟願不捨大慈悲

청입제불연화좌
請入諸佛蓮華座

■ 헌좌안위편(獻座安位篇) 第十二

절이 도량영결 성가운진 기종유감지심 필부무사지망 자자 제불보살 일체현성

切以 道場永潔 聖駕雲臻 旣從有感之心 必副無私之望 玆者 諸佛菩薩 一切賢聖

기림청정지화연 의취장엄지묘좌 하유헌좌지게 대중수언후화

旣臨淸淨之華筵 宜就莊嚴之妙座 下有獻座之偈 大衆隨言後和

헌좌게(獻座偈)

묘보리좌승장엄 제불좌이성정각

妙菩提座勝莊嚴 諸佛坐已成正覺

아금헌좌역여시 자타일시성불도

我今獻座亦如是 自他一時成佛道

헌좌진언 獻座眞言

옴 바아라 미나야 사바하 (三遍)

다게(茶偈)

아금지차일완다 변성무진감로미 봉헌시방삼보전

我今持此一椀茶 變成無盡甘露味 奉獻十方三寶前

원수애납수 원수애납수 원수자비애납수

願垂哀納受 願垂哀納受 願垂慈悲哀納受

■ 보례삼보편(普禮三寶篇) 第十三

절이 공월등휘 무유불촉 불신부감 유원필종 중생이삼업귀의 제불내육통수감
切以 空月騰輝 無幽不燭 佛身赴感 有願必從 衆生以三業歸依 諸佛乃六通垂鑒

유시 경분우수 고진어음 건공시방 신례상주삼보
由是 敬焚牛首 高震魚音 虔恭十方 信禮常住三寶

사무량게(四無量偈)

대자대비민중생 대희대사제함식 상호광명이자엄 중등지심귀명례
大慈大悲愍衆生 大喜大捨濟含識 相好光明以自嚴 衆等志心歸命禮

사자게(四字偈)

대원만각응적서건 심포태허양확사계
大圓滿覺應跡西乾 心包太虛量廓沙界

불공덕해비밀심심 긍가사겁찬양난진
佛供德海秘密甚深 殑伽沙劫讚揚難盡

정례(頂禮)

지심정례 상래봉청 시방상주 일체불타야중 (종화) 유원자비 수아정례
志心頂禮 上來奉請 十方常住 一切佛陀耶衆 (衆和) 惟願慈悲 受我頂禮

지심정례 상래봉청 시방상주 일체달마야중 (중화) 유원자비 수아정례
志心頂禮 上來奉請 十方常住 一切達摩耶衆 (衆和) 惟願慈悲 受我頂禮

지심정례 상래봉청 시방상주 일체승가야중 (중화) 유원자비 수아정례
志心頂禮 上來奉請 十方常住 一切僧伽耶衆 (衆和) 惟願慈悲 受我頂禮

오자게 (五字偈)

위리제유정 영득삼신고 청정신어의 귀명례삼보
爲利諸有情 令得三身故 淸淨身語意 歸命禮三寶

보례삼보진언
普禮三寶眞言

옴 살바 못다 달마 승가람 나모 소도뎨 (三遍)

□ 중단소청(中壇召請) □

(욕소 즉별설육구 이위패 즉풍도패 시왕패 판관장군패 귀왕패 동자사자패 부지명위패등)
(浴所 則別設六區 而位牌 則酆都牌 十王牌 判官將軍牌 鬼王牌 童子使者牌 不知名位牌等)

■ 소청명부편(召請冥府篇) 第十四

거불(擧佛)

나무 유명교주 지장보살마하살
南無 幽冥敎主 地藏菩薩摩訶薩

나무 조양진화 도명존자
南無 助揚眞化 道明尊者

나무 조불양화 무독귀왕
南無 助佛揚化 無毒鬼王

소청명위소(召請冥位疏)

(피봉식)
(皮封式)

소청문소 배헌명부시왕등중
召請文疏 拜獻冥府十王等衆

석가여래 유교제자 봉행가지 병법사문 모 근봉
釋迦如來 遺敎弟子 奉行加持 秉法沙門 某 謹封

절이 지증영명 불처천궁이이물 비심홍광 상거지부이화생 이사상 여호사심 이
切以 智增靈明 不處天宮而利物 悲心弘廣 常居地府而化生 以四相 如乎四心 以

시왕 여호십지 전전혹옥 민중생조업이내 안칙선동 녹함식수복이왕 감명선악
十王 如乎十地 殿前酷獄 愍衆生造業而來 案側善童 錄含識修福而往 鑑明善惡

충현무유 시신즉유 사바세계 남섬부주 동양 대한민국 모처거주 모인복위 현
總現無遺 是晨卽有 裟婆世界 南贍部洲 東洋 大韓民國 某處居住 某人伏爲 現

증복수 당생정찰지원 예수시왕생칠지재 근명병법사리 급법사일단 이금월금
增福壽 當生淨刹之願 豫修十王生七之齋 謹命秉法闍梨 及法事一壇 以今月今

일 취어모사 수월도량 개치명사 시왕도량 약일야(주) 양번발첩 결계건단 근
日 就於某寺 水月道場 開置冥司 十王道場 約一夜(晝) 揚幡發牒 結界建壇 謹

준과의 특비명전 향화등촉 다과진식 공양지의 근지혹도 소청 명부시왕 육조
遵科儀 特備冥錢 香花燈燭 茶果珍食 供養之儀 謹持黑道 召請 冥府十王 六曹

관전 백사재집 억천권속 십팔부관 우두마면 아방졸리 부지명위 일체신기등중
官典 百司宰執 億千眷屬 十八部官 牛頭馬面 阿旁卒吏 不知名位 一切神祇等衆

복원동림도량 보첨묘공 근구명함 개열우후
伏願同臨道場 普霑妙供 謹具冥啣 開列于后

일심봉청 제위명왕중
一心奉請 諸位冥王衆

일심봉청 제위옥왕중
一心奉請 諸位獄王衆

일심봉청 제위판관중
一心奉請 諸位判官衆

일심봉청 제위귀왕중
一心奉請 諸位鬼王衆

일심봉청 제위장군중
一心奉請 諸位將軍衆

일심봉청 제위아방중
一心奉請 諸位阿旁衆

일심봉청 제위동자중
一心奉請 諸位童子衆

일심봉청 제위졸리중
一心奉請 諸位卒吏衆

일심봉청 제위부지명위등중
一心奉請 諸位不知名位等衆

우구여전 복걸 명부관조 일체성현등중 희강성자 망수영조 상품
右具如前 伏乞 冥府官曹 一切聖賢等衆 希降聖慈 望垂靈造 上稟

여래지칙 하민단신지심 조포용정 속배봉련 무사질조 졸령도중 원부성단 광시
如來之勅 下愍檀信之心 早布龍旌 速排鳳輦 毋賜叱阻 卒領徒衆 願赴聖壇 廣施

묘용 승모 모범명위 무임간도격절지지 구장신문 복기성감 근소
妙用 僧某 冒犯冥威 無任懇禱激切之至 具狀伸聞 伏祈聖鑑 謹疏

불기 년 월 일 병법사문 모압 근소
佛紀 年 月 日 秉法沙門 某押 謹疏

진령게(振鈴偈)

이차진령신소청 명부시왕보문지 원승삼보력가지 금일(야)금시내강부
以此振鈴伸召請 冥府十王普聞知 願承三寶力加持 今日(夜)今時來降赴

소청염마라왕진언 옴 살바 염마라 사제비야 사바하 (三遍)
召請焰魔羅王眞言

유치(由致)

개문 청풍하산 서기상응 성범지경불수 명양지로상접 상래단내 이봉제성지의
蓋聞 淸風下散 瑞氣上凝 聖凡之境不殊 冥陽之路相接 上來壇內 已奉諸聖之儀

차지안전 보소명왕지중 부명왕자 여경소설 서원불칙 염마천자 제위명군 일십
次至案前 普召冥王之衆 夫冥王者 如經所說 誓願不測 閻魔天子 諸位冥君 一十

팔장옥지신 급백만우두지중 감재오도 선악이부 기죄복이분명 거업연이처단
八掌獄之臣 及百萬牛頭之衆 鑑齋五道 善惡二符 記罪福而分明 據業緣而處斷

상선즉여초천계 벌악직판락삼도 변시비불왕지정 사고락무편지보 복원 요문찬
賞善則與超天界 罰惡則判落三途 辨是非不枉之情 賜苦樂無偏之報 伏願 遙聞讚

어 각운환심 장삼보지위광 현오통지묘용 출자보전 사별명사 왕승즉옥연금여
語 各運懽心 仗三寶之威光 現五通之妙用 出自寶殿 辭別冥司 王乘則玉輦金與

신가즉홍하채무 광제부종 윤부향단 근병일심 선진삼청
臣駕則紅霞彩霧 匡諸部從 允副香壇 謹秉一心 先陳三請

청사(請詞)

일심봉청 풍도대제 하원지관 시방법계 지부일체성중 유원승삼보력 장비밀어
一心奉請 酆都大帝 下元地官 十方法界 地府一切聖衆 唯願承三寶力 仗秘密語

114

금야금시 내림법회 수차공양
今夜今時 來臨法會 受此供養

향화청
香花請

가영(歌詠)

심인대제시권형　수처수시찰찰형
深仁大帝示權衡　隨處隨時刹刹形
정체여용하사비　유리반상보주명
正體麗容何似比　琉璃盤上寶珠明
　　　　　　　　고아일심귀명정례
　　　　　　　　故我一心歸命頂禮

청사(請詞)

일심봉청　견사자시　영승흑마　수파흑번　신착흑의　검망인가　조하공덕　준명방첩
一心奉請　遣使者時　令乘黑馬　手把黑幡　身着黑衣　檢亡人家　造何功德　准名放牒
추출죄인　불위서원　제일진광대왕　병종권속　유원승삼보력　장비밀어　금야금시
抽出罪人　不違誓願　第一秦廣大王　幷從眷屬　唯願承三寶力　仗秘密語　今夜今時

내림법회 수차공양
來臨法會 受此供養

향화청
香花請

보천한기진음강　普天寒氣振陰網

정령전제제일장　正令全提第一場

단철연금중하수　鍛鐵鍊金重下手

시지양장의난양　始知良匠意難量

고아일심귀명정례　故我一心歸命頂禮

청사(請詞)

일심봉청　一心奉請

주부사의 대승보살 수원섭화 증고중생 권현시적 대규환옥 식본자심

柱不思議 大乘菩薩 隨願攝化 拯苦衆生 權現示跡 大叫喚獄 植本慈心

제이초강대왕 병종권속 유원승삼보력 장비밀어 금야금시 내림법회 수차공양

第二初江大王 幷從眷屬 唯願承三寶力 仗秘密語 今夜今時 來臨法會 受此供養

향화청　香花請

가영(歌詠)

옥초산작함인기　沃蕉山作陷人機

상하홍요화사지　上下烘窯火四支

인견인문경기겁　忍見忍聞經幾劫

외위환사부자비　外威還似不慈悲

고아일심귀명정례　故我一心歸命頂禮

116

일심봉청 검찰인천 소작과보 유일비구 구범중죄 지일자남 재거심두 사면도산
一心奉請 檢察人天 所作果報 有一比丘 具犯重罪 知一字頭 才擧心頭 四面刀山

일시박락 왕배례왈 수의왕생 제삼송제대왕 병종권속 유원승삼보력 장비밀어
一時撲落 王拜禮曰 隨意往生 第三宋帝大王 幷從眷屬 唯願承三寶力 仗秘密語

금야금시 내림법회 수차공양
今夜今時 來臨法會 受此供養

향화청
香花請

가영(歌詠)

사면도산만인위 돌연광한투중위
四面刀山萬仞危 突然狂漢透重圍

장부부재나롱리 단향인천변시비
丈夫不在羅籠裡 但向人天辨是非

고아일심귀명정례
故我一心歸命頂禮

청사(請詞)

일심봉청 어제선악 불경좌우 직절이단 사무체애 공중현칭 칭량업인 제사오관
一心奉請 於諸善惡 不傾左右 直截而斷 使無滯碍 空中懸稱 稱量業因 第四五官

대왕 병종권속 유원승삼보력 장비밀어 금야금시 내림법회 수차공양
大王 幷從眷屬 唯願承三寶力 仗秘密語 今夜今時 來臨法會 受此供養

향화청
香花請

가영(歌詠)

청백가풍직사형 기수고하낙인정
清白家風直似衡 豈隨高下落人情

칭두불허창승좌 사자경시실정평
稱頭不許蒼蠅坐 些子傾時失正平

고아일심귀명정례
故我一心歸命頂禮

청사(請詞)

일심봉청 어미래세 당득작불 호보현왕여래 십호구족 국토엄정 백복장엄 국명
一心奉請 於未來世 當得作佛 號普現王如來 十號具足 國土嚴淨 百福莊嚴 國名

화엄 보살충만 제오염라대왕 병종권속 유원승삼보력 장비밀어 금야금시 내림
華嚴 菩薩充滿 第五閻羅大王 幷從眷屬 唯願承三寶力 仗秘密語 今夜今時 來臨

법회 수차공양
法會 受此供養

향화청
香花請

118

가영(歌詠)

명위독출시왕중 冥威獨出十王中
오도분파진향풍 五道奔波盡香風

성화포용여원비 聖化包容如願比
인간무수부조동 人間無水不朝東
고아일심귀명정례 故我一心歸命頂禮

청사(請詞)

일심봉청 一心奉請
죄인소긱 罪人所喫
평생지육 平生之肉
약비부모 若非父母
불입어구 不入於口
적혈임리 赤血淋漓
두지여해 斗之如海
진피죄직 盡被罪則

하겁유한 何劫有限
단분출옥 斷分出獄
제육변성대왕 第六變成大王
병종권속 幷從眷屬
유원승삼보력 唯願承三寶力
장비밀어 仗秘密語
금야금시 今夜今時

내림법회 來臨法會
수차공양 受此供養

향화청 香花請

가영(歌詠)

죄안퇴거소작인 罪案堆渠所作因
구중감저기쌍친 口中甘咀幾雙親

대왕상작자비부 大王尚作慈悲父 화옥문개방차인 火獄門開放此人 고아일심귀명정례 故我一心歸命頂禮

청사(請詞)

일심봉청 一心奉請 세인치심 世人癡心 수청명사 雖請冥司 불이예의 不以禮儀 연의불칙 然依佛勅 내청공양 乃請供養 수록선안 收錄善案 제칠태산 第七泰山

대왕 大王 병종권속 幷從眷屬 유원승삼보력 唯願承三寶力 장비밀어 仗秘密語 금야금시 今夜今時 내림법회 來臨法會 수차공양 受此供養

고아일심귀명정례 故我一心歸命頂禮

향화청
香花請

가영(歌詠)

인완이목예수위 人頑耳目禮雖違 초순명규경향귀 稍順冥規敬向歸 지불책우언가채 智不責愚言可採 일호미선사전비 一毫微善捨前非

고아일심귀명정례 故我一心歸命頂禮

청사(請詞)

일심봉청 一心奉請 요지망인 了知亡人 평생지업 平生之業 비단요지 非但了知 현행선악 現行善惡 역능세찰 亦能細察 심념은행 心念隱行 불착사호 不錯絲毫

제팔평등대왕 병종권속 유원승삼보력 장비밀어 금야금시 내림법회 수차공양

第八平等大王 幷從眷屬 唯願承三寶力 仗秘密語 今夜今時 來臨法會 受此供養

향화청
香花請

가영(歌詠)

명경당대조담간 물도연치야응난
明鏡當臺照膽肝 物逃姸媸也應難

양재입묘개신결 감여왕심일처안
諒哉入妙皆神決 鑑與王心一處安

고아일심귀명정례
故我一心歸命頂禮

청사(請詞)

일심봉청 불불능구 중생정업 약불몽아 명왕본원 삼계중생 영겁불출 맹화지옥
一心奉請 佛不能救 衆生定業 若不蒙我 冥王本願 三界衆生 永劫不出 猛火地獄

일일일례 탄지멸화 제구도시대왕 병종권속 유원승삼보력 장비밀어 금야금시
一日一例 彈指滅火 第九都市大王 幷從眷屬 唯願承三寶力 仗秘密語 今夜今時

내림법회 수차공양
來臨法會 受此供養

향화청
香花請

화위고혼장한발　불인삼난절자운
火爲孤魂長早魃　佛因三難絶慈雲

건곤진입홍로리　기망오왕우로은
乾坤盡入洪爐裡　幾望吾王雨露恩

고아일심귀명정례
故我一心歸命頂禮

청사(請詞)

일심봉청 약무지옥 무일중생 득성정각 흥비강존 권성불도 제십오도전륜대왕
一心奉請　若無地獄　無一衆生　得成正覺　興悲降尊　勸成佛道　第十五道轉輪大王

병종권속 유원승삼보력 장비밀어 금야금시 내림법회 수차공양
幷從眷屬　唯願承三寶力　仗秘密語　今夜今時　來臨法會　受此供養

향화청
香花請

가영(歌詠)

고성흥비작차신　봉장강적현명인
古聖興悲作此身　逢場降迹現冥因

방차약불횡교용　각지유란견일인
捧杈若不橫交用　覺地猶難見一人

고아일심귀명정례
故我一心歸命頂禮

(以上　中上壇)

일심봉청 불재세시 지옥생련 하급쇠계 불신불어 죄결여마 노신문사 민타치업
一心奉請 佛在世時 地獄生蓮 下及衰季 不信佛語 罪決如麻 勞身問事 愍他痴業

이십육위판관 삼원장군 제일하판관 제이송판관 제삼노판관 제사사명판관 제
二十六位判官 三元將軍 第一夏判官 第二宋判官 第三盧判官 第四司命判官 第

오서판관 제육왕판관 제칠배판관 제팔조판관 제구마판관 제십조판관 제십일
五舒判官 第六王判官 第七裵判官 第八曹判官 第九馬判官 第十趙判官 第十一

최판관 제십이보판관 제십삼웅판관 제십사황보판관 제십오정판관 제십육하판
崔判官 第十二甫判官 第十三熊判官 第十四皇甫判官 第十五鄭判官 第十六河判

관 제십칠공판관 제십팔호판관 제십구부판관 제이십굴판관 제이십일진판관
官 第十七孔判官 第十八胡判官 第十九傅判官 第二十屈判官 第二十一陳判官

제이십이육판관 제이십삼인판관 제이십사장산판관 제이십오강한판관 제이십
第二十二陸判官 第二十三印判官 第二十四掌算判官 第二十五江漢判官 第二十

육유판관 상원주장군 중원갈장군 하원당장군 각병권속 유원승삼보력 장비밀
六庚判官 上元周將軍 中元葛將軍 下元唐將軍 各并眷屬 唯願承三寶力 仗秘密

어 금야금시 내림법회 수차공양
語 今夜今時 來臨法會 受此供養

향화청
香花請

사해증청공일가　송정요적절효화
四海澄清共一家　訟庭寥寂絕囂嘩

여금세란개군견　공사제사판사다
如今世亂皆群犬　空使諸司判事多

고아일심귀명정례
故我一心歸命頂禮

청사(請詞)

일심봉청　아여검수　구사혈분　휘검안운　거봉혼망　권시엄위　복제악마　광도군미
一心奉請　牙如劍樹　口似血盆　揮劍眼運　舉捧魂亡　權示嚴威　伏諸惡魔　廣度群迷

삼십칠위귀왕　제일무독귀왕　제이악독귀왕　제삼악목귀왕　제사쟁악귀왕　제오대
三十七位鬼王　第一無毒鬼王　第二惡毒鬼王　第三惡目鬼王　第四諍惡鬼王　第五大

쟁악귀왕　제육백호귀왕　제칠혈호귀왕　제팔적호귀왕　제구산앙귀왕　제십비신귀
諍惡鬼王　第六白虎鬼王　第七血虎鬼王　第八赤虎鬼王　第九散殃鬼王　第十飛身鬼

왕　제십일전광귀왕　제십이낭아귀왕　제십삼천조귀왕　제십사담수귀왕　제십오부
王　第十一電光鬼王　第十二狼牙鬼王　第十三千照鬼王　第十四啗獸鬼王　第十五負

석귀왕　제십육주모귀왕　제십칠주화귀왕　제십팔주식귀왕　제십구주재귀왕　제이
石鬼王　第十六主耗鬼王　第十七主禍鬼王　第十八主食鬼王　第十九主財鬼王　第二

십주축귀왕　제이십일주금귀왕　제이십이주수귀왕　제이십삼주매귀왕　제이십사
十主畜鬼王　第二十一主禽鬼王　第二十二主獸鬼王　第二十三主魅鬼王　第二十四

124

주산귀왕 主産鬼王
제이십오주명귀왕 第二十五主命鬼王
제이십육주질귀왕 第二十六主疾鬼王
제이십칠주검귀왕 第二十七主儉鬼王
제이십팔주 第二十八主

목귀왕 目鬼王
제이십구사목귀왕 第二十九目鬼王
제삼십오목귀왕 第三十五目鬼王
제삼십일나리차귀왕 第三十一那利叉鬼王
제삼십이대나 第三十二大那

리차귀왕 利叉鬼王
제삼십삼아나타귀왕 第三十三阿那吒鬼王
제삼십사대아나타귀왕 第三十四大阿那吒鬼王
제삼십오주음귀왕 第三十五主陰鬼王
제삼 第三

십육호목귀왕 十六虎目鬼王
제삼십칠남안귀왕 第三十七南安鬼王 各幷眷屬
각병권속 유원승삼보력 장비밀어 금야금시
唯願承三寶力 仗秘密語 今夜今時

내림법회 수차공양
來臨法會 受此供養

향화청
香花請

가영(歌詠)

의천장검장부행
倚天長劍丈夫行

각정위풍안전광
各逞威風眼電光

봉하유인지통부
棒下有人知痛否

일권권도태산강
一拳拳倒太山崗

고아일심귀명정례
故我一心歸命頂禮

일심봉청 一心奉請 인혼부재 왕래명로 引魂赴齋 往來冥路 견묘화수 見妙花水 열지욕입 悅之欲入 위망인왈 謂亡人曰 아견선계 我見仙溪 여입시탕 汝入是湯

호지지로 護持指路 선부동자 善簿童子 악부동자 惡簿童子 감재사자 鑑齋使者 직부사자 直符使者 추혼사자 追魂使者 주혼사자 注魂使者 황천인로 黃川引路

오위사자 五位使者 년직사자 年直使者 월직사자 月直使者 일직사자 日直使者 시직사자 時直使者 제지옥관전사자 諸地獄官典使者 제위마직사 諸位馬直使

자부리사자 者府吏使者 호법선신 護法善神 토지영기등중 土地靈祇等衆 각병권속 各幷眷屬 유원승삼보력 唯願承三寶力 장비밀어 仗秘密語 금야금 今夜今

시내림법회 時來臨法會 수차공양 受此供養

향화청
香花請

가영(歌詠)

내왕군관지로두 來往群官指路頭
황천풍경즉선유 黃泉風景卽仙遊
행인불식도원동 行人不識桃源洞
지설향파범수류 只說香葩泛水流
고아일심귀명정례 故我一心歸命頂禮

(以上 中中壇)

126

청사(請詞)

일심봉청 선정자신 고리만조 불착일사 불의지성 불입왕이 제일진광대왕 안열
一心奉請 先正自身 考理萬條 不錯一事 不義之聲 不入王耳 第一秦廣大王 案列

종관 판관귀왕 이부사직 감재직부 태산유판관 태산주판관 도구송판관 태음하
從官 判官鬼王 二符四直 鑑齋直符 泰山柳判官 泰山周判官 都句宋判官 太陰夏

후판관 나리실귀왕 악독귀왕 부석귀왕 대쟁귀왕 주선동자 주악동자 년직사자
候判官 那利失鬼王 惡毒鬼王 負石鬼王 大諍鬼王 注善童子 注惡童子 年直使者

월직사자 일직사자 시직사자 감재사자 직부사자등중 각병권속 유원승삼보력
月直使者 日直使者 時直使者 監齋使者 直符使者等眾 各幷眷屬 唯願承三寶力

장비밀어 금야금시 내림법회 수차공양
仗秘密語 今夜今時 來臨法會 受此供養

향화청
香花請

가영(歌詠)

경위정전검극횡 차왕요좌진현량 기여무고왕불앙 고아일심귀명정례
敬衛庭前劍戟橫 此王僚佐盡賢良 豈與無辜枉不殃 故我一心歸命頂禮

일궁쇄소선종외
一宮灑掃先從外

일심봉청 불의취재 군자불위 신여할민 천자지구 직간어왕 벌탐사자 제이초강
一心奉請 不義取財 君子不爲 臣如割民 天子之咎 直諫於王 罰貪使者 第二初江

대왕 안열종관 판관귀왕 이부사직 감재직부 태산왕판관 태산송판관 도추노판
大王 案列從官 判官鬼王 二符四直 鑑齋直符 泰山王判官 泰山宋判官 都推盧判

관 태산양판관 상원주장군 나리실귀왕 삼목귀왕 혈호귀왕 다악귀왕 주선동자
官 泰山楊判官 上元周將軍 那利失鬼王 三目鬼王 血虎鬼王 多惡鬼王 注善童子

주악동자 년직사자 월직사자 일직사자 시직사자 감재사자 직부사자등중 각병
注惡童子 年直使者 月直使者 日直使者 時直使者 監齋使者 直符使者等眾 各幷

권속 유원승삼보력 장비밀어 금야금시 내림법회 수차공양
眷屬 唯願承三寶力 仗秘密語 今夜今時 來臨法會 受此供養

향화청
香花請

가영(歌詠)

좌우무비시정인 숙연행정절효진
左右無非是正人 肅然行政絶囂塵

적신탈난민휴곡 도차문전유간신
赤身奪暖民休哭 到此門前有諫臣

고아일심귀명정례
故我一心歸命頂禮

128

일심봉청 세간치인 비식촉명 계죄인활 염식내처 가제방일 제삼송제대왕 안열
一心奉請 世間痴人 費食促命 誠罪人日 念食來處 可除放逸 第三宋帝大王 案列

종관 판관귀왕 이부사직 감재직부 태산하판관 사명판관 사록판관 태산서판관
從官 判官鬼王 二符四直 鑑齋直符 泰山河判官 司命判官 司錄判官 泰山舒判官

태산유판관 하원당장군 백호귀왕 적호귀왕 나리실귀왕 주선동자 주악동자 년
泰山柳判官 下元唐將軍 白虎鬼王 赤虎鬼王 那利失鬼王 注善童子 注惡童子 年

직사자 월직사자 일직사자 시직사자 감재사자 직부사자등중 각병권속 유원승
直使者 月直使者 日直使者 時直使者 監齋使者 直符使者等眾 各幷眷屬 唯願承

삼보력 장비밀어 금야금시 내림법회 수차공양
三寶力 仗秘密語 今夜今時 來臨法會 受此供養

향화청
香花請

가영(歌詠)
염시선렴식지공 입입내종불혈중
拈匙先念食之功 粒粒來從佛血中

황유경부당하일 한류전토천무풍
況有耕夫當夏日 汗流田土喘無風

고아일심귀명정례
故我一心歸命頂禮

청사(請詞)

일심봉청 一心奉請

견현사제 각수청백 불탐위보
見賢思齊 各守清白 不貪爲寶

제사오관대왕 안열종관 판관귀왕 이부
第四五官大王 案列從官 判官鬼王 二符

사직 감재직부 태산숙판관 태산승판관 제사검부판관 사조배판관 비신귀왕 나
四直 鑑齋直符 泰山肅判官 泰山勝判官 諸司撿符判官 司曹襄判官 飛身鬼王 那

리차판관 전광귀왕 주선동자 주악동자 년직사자 월직사자 일직사자 시직사자
利叉判官 電光鬼王 注善童子 注惡童子 年直使者 月直使者 日直使者 時直使者

등중 각병권속 유원승삼보력 장비밀어 금야금시 내림법회 수차공양
等眾 各幷眷屬 唯願承三寶力 仗秘密語 今夜今時 來臨法會 受此供養

향화청 香花請

가영(歌詠)

약장진물낙인정 부자상수발검쟁
若將珍物落人情 父子相讎拔劍爭

유유성왕현내서 임재읍양제군생
唯有聖王賢內署 臨財揖讓濟群生

고아일심귀명정례
故我一心歸命頂禮

청사(請詞)

일심봉청 상하평균 진력좌왕 삼계물망 개귀어왕 제오염라대왕 안열종관 판관
一心奉請 上下平均 盡力佐王 三界物望 皆歸於王 第五閻羅大王 案列從官 判官

귀왕 이부사직 감재직부 태산홍판관 주사풍판관 도사조판관 악복조판관 의동
鬼王 二符四直 鑑齋直符 泰山洪判官 注死馮判官 都司曹判官 惡福趙判官 儀同

삼사최판관 천조귀왕 담수귀왕 낭아귀왕 대나리차귀왕 주선동자 주악동자 년
三司崔判官 千助鬼王 啗獸鬼王 狼牙鬼王 大那利叉鬼王 注善童子 注惡童子 年

직사자 월직사자 일직사자 시직사자 감재사자 직부사자등중 각병권속 유원승
直使者 月直使者 日直使者 時直使者 監齋使者 直符使者等衆 各幷眷屬 唯願承

삼보력 장비밀어 금야금시 내림법회 수차공양
三寶力 仗秘密語 今夜今時 來臨法會 受此供養

향화청
香花請

가영(歌詠)

상수증증하파청 경현천고영분명 고아일심귀명정례
上水澄澄下派清 鏡縣千古映分明 故我一心歸命頂禮

막연해악귀왕화 자시제현좌태평
邈然海岳歸王化 自是諸賢佐太平

청사(請詞)

일심봉청 염피빈인 역혈지성 공수부정 누항비시 권왕부청 제육변성대왕 안열
一心奉請 念彼貧人 癥血之誠 供雖不淨 陋巷非是 勸王赴請 第六變成大王 案列

종관 판관귀왕 이부사직 감재직부 공조정판관 법조호리판관 태산굴리판관 태
從官 判官鬼王 二符四直 鑑齋直符 功曹鄭判官 法曹胡利判官 泰山屈利判官 太

음주실판관 주화귀왕 주모귀왕 주식귀왕 아나타귀왕 주선동자 주악동자 년직
陰注失判官 主禍鬼王 主耗鬼王 主食鬼王 阿那吒鬼王 注善童子 注惡童子 年直

사자 월직사자 일직사자 시직사자 감재사자 직부사자등중 각병권속 유원승
使者 月直使者 日直使者 時直使者 監齋使者 直符使者等衆 各幷眷屬 唯願承

삼보력 장비밀어 금야금시 내림법회 수차공양
三寶力 仗秘密語 今夜今時 來臨法會 受此供養

향화청
香花請

가영(歌詠)

용의청평재득현 공평공도주왕전 영장승기능고약 애념빈아일지전 고아일심귀명정례
用儀清平在得賢 共評公道奏王前 寧將勝氣凌孤弱 哀念貧兒一紙錢 故我一心歸命頂禮

일심봉청 항사세계 일시동청 일일보응 여월인해 제칠태산대왕 안열종관 판관
一心奉請 恒沙世界 一時同請 一一普應 如月印海 第七泰山大王 案列從官 判官

귀왕 이부사직 감재직부 태산오도굴판관 태산황판관 태산설판관 장인판관 장
鬼王 二符四直 鑑齋直符 泰山五道屈判官 泰山黃判官 泰山薛判官 掌印判官 掌

산판관 주재판관 대아나타귀왕 주축귀왕 주금귀왕 주선동자 주악동자 년직사
算判官 主財判官 大阿那吒鬼王 主畜鬼王 主禽鬼王 注善童子 注惡童子 年直使

자 월직사자 일직사자 시직사자 감재사자 직부사자등중 각병권속 유원승삼보
者 月直使者 日直使者 時直使者 監齋使者 直符使者等眾 各幷眷屬 唯願承三寶

력 장비밀어 금야금시 내림법회 수차공양
力 仗秘密語 今夜今時 來臨法會 受此供養

향화청
香花請

가영(歌詠)

만국천방향일시 분신백억응무휴
萬國千邦向一時 分身百億應無虧

성조제회하번문 신서내종성화의 고아일심귀명정례
盛朝際會何煩問 臣庶來從聖化儀 故我一心歸命頂禮

청사(請詞)

일심봉청 부진불퇴 봉왕이도 각리중용 제팔평등대왕 판관귀왕 이부
一心奉請 不進不退 奉王以道 各履中庸 第八平等大王 案列從官 判官鬼王 二符

사직 감재직부 공조사보판관 태산능판관 태산육판관 주산귀왕 주수귀왕 주매
四直 鑑齋直符 功曹司甫判官 泰山凌判官 泰山陸判官 主産鬼王 主獸鬼王 主魅

귀왕 주선동자 주악동자 년직사자 월직사자 일직사자 시직사자 감재사자 직
鬼王 注善童子 注惡童子 年直使者 月直使者 日直使者 時直使者 監齋使者 直

부사자등중 각병권속 유원승삼보력 장비밀어 금야금시 내림법회 수차공양
符使者等衆 各幷眷屬 唯願承三寶力 仗秘密語 今夜今時 來臨法會 受此供養

향화청
香花請

가영(歌詠)

수진여사퇴즉충 사군난득고순풍
數進如邪退卽忠 事君難得古淳風

차문별학청평조 완급제탄일곡중 고아일심귀명정례
此門別學淸平調 緩急齊彈一曲中 故我一心歸命頂禮

청사(請詞)

일심봉청 죄인출옥 권선송지 조악부래 민계완치 제구도시대왕 안열종관 판관
一心奉請 罪人出獄 勸善送之 造惡復來 愍誠頑痴 第九都市大王 案列從官 判官

귀왕 이부사직 감재직부 육조황보판관 부조진판관 태산호판관 태산동판관 태
鬼王 二符四直 鑑齋直符 六曹皇甫判官 府曹陳判官 泰山胡判官 泰山董判官 泰

산응판관 주명판관 오목귀왕 주질귀왕 주음귀왕 주선동자 주악동자 년직사자
山熊判官 主命判官 五目鬼王 主疾鬼王 主陰鬼王 注善童子 注惡童子 年直使者

월직사자 일직사자 시직사자 감재사자 직부사자등중 각병권속 유원승삼보력
月直使者 日直使者 時直使者 監齋使者 直符使者等衆 各幷眷屬 唯願承三寶力

장비밀어 금야금시 내림법회 수차공양
仗秘密語 今日今時 來臨法會 受此供養

향화청
香花請

가영(歌詠)

철장금추향사뢰　　검아사구향인개
鐵杖金槌響似雷　　劒牙蛇口向人開

차방불시안신처　　영부계언거부래　　고아일심귀명정례
此方不是安身處　　寧負誠言去復來　　故我一心歸命頂禮

청사(請詞)

일심봉청 불고신로 횡행화리 위제중생 입대명공 제십오도전륜대왕 안열종관
一心奉請 不顧身勞 橫行火裏 爲諸衆生 立大冥功 第十五道轉輪大王 案列從官

판관귀왕 이부사직 감재직부 태산육조판관 태산정판관 태산조판관 태산오판
判官鬼王 二符四直 鑑齋直符 泰山六曹判官 泰山鄭判官 泰山趙判官 泰山鄔判

관 태산이판관 시통경판관 중원갈장군 산앙귀왕 주선동자 주악동자 태산부군
官 泰山李判官 時通卿判官 中元葛將軍 産殃鬼王 注善童子 注惡童子 泰山府君

년직사자 월직사자 일직사자 시직사자 감재사자 직부사자등중 각병권속 유원
年直使者 月直使者 日直使者 時直使者 監齋使者 直符使者等衆 各幷眷屬 唯願

승삼보력 장비밀어 금야금시 내림법회 수차공양
承三寶力 仗秘密語 今日今時 來臨法會 受此供養

향화청
香花請

가영(歌詠)

화리탐탕자불상 시지문객화비상
火裏探湯自不傷 始知門客化非常

세간목우소풍배 공상능연교단장
世間沐雨梳風輩 空上凌烟較短長

고아일심귀명정례
故我一心歸命頂禮

136

청사(請詞)

일심봉청 유불소지 비아경계 사수위규 불기기과 대비행화 칠위영관 난사난량
一心奉請 惟佛所知 非我境界 事雖達規 不記其過 大悲行化 七位靈官 難思難量

성위등중 부지명위 제판관등중 부지명위 제귀왕등중 부지명위 제영관등중 부
聖位等衆 不知名位 諸判官等衆 不知名位 諸鬼王等衆 不知名位 諸靈官等衆 不

지명위 제지옥관전등중 부지명위 제사자등중 부지명위 일체권속등중 유원승
知名位 諸地獄官典等衆 不知名位 諸使者等衆 不知名位 一切眷屬等衆 唯願承

삼보력 장비밀어 내림법회 수차공양
三寶力 仗秘密語 來臨法會 受此供養

향화청
香花請

가영(歌詠)

고래원채기어친　　막약다생불식인
古來冤債起於親　　莫若多生不識人

향아불문여광제　　무연진개대비은
向我佛門如廣濟　　無緣眞箇大悲恩

고아일심귀명정례　　（以上　中下壇）
故我一心歸命頂禮

※ 관욕의식 생략 시 ⇨ p。一四一。산화락。

137 예수시왕생칠재

〈관욕의식〉

■ 청부향욕편(請赴香浴篇) 第十五

절이 지명지성지명군 대권대화지신요 각수자비 동림법회 대중성발 봉영부욕

切以 至明至聖之冥君 大權大化之臣僚 各垂慈悲 同臨法會 大衆聲鈸 奉迎赴浴

정로진언
正路眞言

옴 소싯디 나자리다라 나자리다라 모라다예 자라자라 만다
만다 하나하나 훔 바탁 (三遍)

입실게(入室偈)

정실등명야색유　빙호조감서향부　천행지보제신중　내예난탕거금주

靜室燈明夜色幽　氷壺藻鑑瑞香浮　天行地步諸神衆　來詣蘭湯擧錦幬

■ 가지조욕편(加持澡浴篇) 第十六

(기경요잡 찰중시풍도패 기사시시왕패 기여종관패 차차 시행인어목욕전지악)
(起經繞匝 察衆侍酆都牌 記事侍十王牌 基餘從官牌 次次 侍行人於沐浴前之樂)

상부 정삼업자 무월호징심 결만물자 막과어청수 시이 근엄욕실 특비향탕 희

詳夫 淨三業者 無越乎澄心 潔萬物者 莫過於清水 是以 謹嚴浴室 特備香湯 希

통력이소창 민정성이납욕 하유관목지게 대중수언후화
通力以昭彰 愍精誠而納浴 下有灌沐之偈 大衆隨言后和

관욕게 (灌浴偈)

아금이차향탕수 관욕일체시왕중 신심세척영청정 증입진공상락향
我今以此香湯水 灌浴一切十王衆 身心洗滌令清淨 證立眞空常樂鄉

목욕진언
沐浴眞言

옴 미마라 출제 사바하 (三遍)

(찰중등 꿰어장외 상 명왕목욕지의)
(察衆等 跪於帳外 相 冥王沐浴之儀)

■ 제성헐욕편 (諸聖歇浴篇) 第十七

재백 시왕등중 청출어란탕 부게적지화연 수단나지공양 하유헌수지게 대중수
再白 十王等衆 請出於蘭湯 赴憩寂之華筵 受檀那之供養 下有獻水之偈 大衆隨

언후화
言后和

헌수게 (獻水偈)

금장감로수　今將甘露水

봉헌시왕전　奉獻十王前

감찰건간심　監察虔懇心

원수애납수　願垂哀納受

원수애납수　願垂哀納受

원수자비애납수　願垂慈悲哀納受

헐욕게（歇浴偈）

이차향탕수　以此香湯水

관목시왕중　灌沐十王衆

원승법가지　願承法加持

보획어청정　普獲於清淨

■ 출욕참성편（出浴參聖篇）第十八

유원　惟願

명부시왕 일체요재등중 욕예도량 선참성중 청출향욕 속부정단 금당전심
冥府十王 一切僚宰等衆 欲詣道場 先參聖衆 請出香浴 速赴淨壇 今當專心

합장 서보전행 대중무로 재신영인
合掌 徐步前行 大衆無勞 再伸迎引

以上 灌浴儀式 終

산화락 (三說)
散花落

원강도량수차공양 (三說)
願降道場受此供養

내림게 (來臨偈)

명간일십대명왕　능사망령도정방
冥間一十大明王　能使亡靈到淨邦

원승불력내강림　현수영험좌도량
願承佛力來降臨　現垂靈驗坐道場

■ 참례성중편(參禮聖衆篇) 第十九

근백　명부시왕　일체요재등중　기수건청　이강도량　당제방일지심　가발은근지의
謹白　冥府十王　一切僚宰等衆　旣受虔請　已降道場　當除放逸之心　可發慇懃之意

투성천종　간의만단　상삼보지난봉　경일심이신례　하유참례지게　대중수언후화
投誠千種　懇意萬端　想三寶之難逢　傾一心而信禮　下有參禮之偈　大衆隨言后和

보례게 (普禮偈)

계수시방조어사　삼승오교진여법　보살성문연각중　일심건성귀명례
稽首十方調御師　三乘五教眞如法　菩薩聲聞緣覺衆　一心虔誠歸命禮

정례(頂禮)

일심정례
一心頂禮
나무진허공 변법계 시방상주 일체불타야중 (중화) 유원자비 수아정례
南無盡虛空 遍法界 十方常住 一切佛陀耶衆 (衆和) 惟願慈悲 受我頂禮

일심정례
一心頂禮
나무진허공 변법계 시방상주 일체달마야중 (중화) 유원자비 수아정례
南無盡虛空 遍法界 十方常住 一切達摩耶衆 (衆和) 惟願慈悲 受我頂禮

일심정례
一心頂禮
나무진허공 변법계 시방상주 일체승가야중 (중화) 유원자비 수아정례
南無盡虛空 遍法界 十方常住 一切僧伽耶衆 (衆和) 惟願慈悲 受我頂禮

위리제유정 영득삼신고 청정신어의 귀명례삼보
爲利諸有情 令得三身故 清淨身語意 歸命禮三寶

오자게(五字偈)

■ 헌좌안위편(獻座安位篇) 第二十

재백 명부시왕 일체요재등중 기정삼업 이례시방 소요자재이무구 적정안한이
再白 冥府十王 一切僚宰等衆 旣淨三業 已禮十方 逍遙自在以無拘 寂靜安閑而

유락 자자 향등호열 다과교진 기부연회이영문 의정용의이취좌 하유헌좌지게
有樂 玆者 香燈互列 茶果交陳 旣敷筵會以迎門 宜整容儀而就座 下有獻座之偈

대중수언후화
大衆隨言后和

142

（차 여상삼동발후 법성게 인성요잡 지정중지악 하련동발）
（次 如常三銅鈸后 法性偈 引聲繞匝 至庭中止樂 下輦動鈸）

법성게(法性偈)

법성원융무이상 法性圓融無二相 — 제법부동본래적 諸法不動本來寂
무명무상절일체 無名無相絶一切 — 증지소지비여경 證智所知非餘境

진성심심극미묘 眞性甚深極微妙 — 불수자성수연성 不守自性隨緣成
일중일체다중일 一中一切多中一 — 일즉일체다즉일 一卽一切多卽一

일미진중함시방 一微塵中含十方 — 일체진중역여시 一切塵中亦如是
무량원겁즉일념 無量遠劫卽一念 — 일념즉시무량겁 一念卽是無量劫

구세십세호상즉 九世十世互相卽 — 잉불잡란격별성 仍不雜亂隔別成
초발심시변정각 初發心時便正覺 — 생사열반상공화 生死涅槃常共和

이사명연무분별 理事冥然無分別 — 십불보현대인경 十佛普賢大人境
능인해인삼매중 能仁海印三昧中 — 번출여의부사의 繁出如意不思議

우보익생만허공 雨寶益生滿虛空 — 중생수기득이익 衆生隨器得利益
시고행자환본제 是故行者還本際 — 파식망상필부득 叵息妄想必不得

무연선교착여의 無緣善巧捉如意 — 귀가수분득자량 歸家隨分得資糧
이다라니무진보 以陀羅尼無盡寶 — 장엄법계실보전 莊嚴法界實寶殿

궁좌실제중도상 窮坐實際中道床 — 구래부동명위불 舊來不動名爲佛

아금경설보엄좌　봉헌일체명왕중　원멸진로망상심　속원해탈보리과
我今敬設實嚴座　奉獻一切冥王衆　願滅塵勞妄想心　速圓解脫菩提果

헌좌진언
獻座眞言

옴 가마라 승하 사바하　(三遍)

다게 (茶偈)

아금지차일완다　변성무진감로미　봉헌일체명부중
我今持此一椀茶　便成無盡甘露味　奉獻一切冥府衆

원수애납수　원수애납수　유원자비애납수
願垂哀納受　願垂哀納受　惟願慈悲哀納受

※ 본래 의식절차는 ①상단(소청성위편 第八~보례삼보편 第十三)과 ②중단(소청명부편 第十四~안좌안위편 第二十)、③고사단(소청고사판관편 第二十一~수위안좌편 第二十三)을 거행한 후 ④상위권공(제위진백편 第二十四~가지변공편 第二十五)、⑤중위권공(가지변공편 第二十六~보신배헌편 第二十七)、⑥고사단권공(가지변공편 第二十八) 순으로 거행한다. 그러나 부득이하게 ①상단과 ②중단을 거행한 후 ③고사단을 하지 않고 ④상단권공과 ⑤중단권공을 먼저 거행할 경우에는 별편(別篇)으로 구성된 기성가지편(別第一)과 보신배헌편(別第二)、공성회향편(別第三)을 거행한 후、고사단소청과 권공의식인 ③번과 ⑥번을 연이어 거행하면 된다.

약례 상·중단 권공 시 **기성가지편(別第一)** ⇨ p。一七六。

□ 고사단소청(庫司壇召請) □

■ 소청고사판관편(召請庫司判官篇) 第二十一

거불(擧佛)

나무 시방상주불
南無 十方常住佛

나무 시방상주법
南無 十方常住法

나무 시방상주승
南無 十方常住僧

진령게(振鈴偈)

이차진령신소청 고사제군원요지 원승삼보력가지 금일(야)금시내부회
以此振鈴伸召請 庫司諸君願遙知 願承三寶力加持 今日(夜)今時來赴會

보소청진언
普召請眞言

나무 보보제리 가리다리 다타 아다야 (三遍)

유치(由致)

145 예수시왕생칠재

절이 염라이하 상차시왕 각위부서 여조이위치화 내지분사열직 요재제신 함실
切以 閻羅而下 相次十王 各位部署 慮條而爲治化 乃至分司列職 僚宰諸臣 咸悉

비언 공유고사판관 영기불측 묘혜난사 상봉명계지전재 하소인간지수생 출납
備焉 恭惟庫司判官 靈機不測 妙慧難思 上奉冥界之錢財 下昭人間之壽生 出納

취여 불유호발 유시비제진찬 엄열명전 지심간의 이신공양 복원각운환흔지의
取與 不遺毫髮 由是備諸珍饌 嚴列冥錢 至心懇意 以伸供養 伏願各運懽忻之意

함부법연지단 앙표일심 선진삼청
咸赴法筵之壇 仰表一心 先陳三請

청사 (請詞)

일심봉청 위풍늠렬 영감소창 명찰인간 진망시비 본명원신 열국제조 제모고조
一心奉請 威風凜烈 靈鑑昭彰 明察人間 眞妄是非 本命元神 列局諸曹 第某庫曹

관 모사군 병종권속 유원승삼보력 강림도량 수차공양 (三請)
官 某司君 幷從眷屬 唯願承三寶力 降臨道場 受此供養

향화청 (三說)
香花請

가영(歌詠)

사군위기염라하 명찰인간십이생
司君位寄閻羅下 明察人間十二生

전재영납무사념　영감소창이유정　고아일심귀명정례
錢財領納無私念　靈鑑昭彰利有情　故我一心歸命頂禮

■ 보례삼보편(普禮三寶篇) 第二十二

(종두봉 고사번보례)
(種頭奉 庫司幡普禮)

근백 고관등중 기수건청 이강향단 당제방일지심 가발은근지의 투성천종 간의
謹白 庫官等衆 旣受虔請 已降香壇 當除放逸之心 可發慇懃之意 投誠千種 懇意

만단 상 삼보지난봉 경 일심이신례 하유보례지게 대중수언후화
萬端 想 三寶之難逢 傾 一心而信禮 下有普禮之偈 大衆隨言後和

보례상위(普禮上位)　※상단 향하여 거행한다.

보례시방무상존 오지십신제불타
普禮十方無上尊 五智十身諸佛陀

보례시방이욕존 오교삼승제달마
普禮十方離欲尊 五敎三乘諸達摩

보례시방중중존 대승소승제승가
普禮十方衆中尊 大乘小乘諸僧伽

보례중위(普禮中位)　※증단 향하여 거행한다.

보례풍도대제중
普禮酆都大帝衆

보례시왕부군중
普禮十王府君衆

보례판관귀왕중
普禮判官鬼王衆

(이단보례후 환지본단전 립여상야)
(二壇普禮后 還至本壇前 立如常也)

법성게 (法性偈)

법성원융무이상
法性圓融無二相

제법부동본래적
諸法不動本來寂

무명무상절일체
無名無相絶一切

증지소지비여경
證智所知非餘境

진성심심극미묘
眞性甚深極微妙

불수자성수연성
不守自性隨緣成

일중일체다중일
一中一切多中一

일즉일체다즉일
一卽一切多卽一

일미진중함시방
一微塵中含十方

일체진중역여시
一切塵中亦如是

무량원겁즉일념
無量遠劫卽一念

일념즉시무량겁
一念卽是無量劫

구세십세호상즉
九世十世互相卽

잉불잡란격별성
仍不雜亂隔別成

초발심시변정각
初發心時便正覺

생사열반상공화
生死涅槃相共和

이사명연무분별
理事冥然無分別

십불보현대인경
十佛普賢大人境

능인해인삼매중
能仁海印三昧中

번출여의부사의
繁出如意不思議

우보익생만허공
雨寶益生滿虛空

중생수기득이익
衆生隨器得利益

시고행자환본제
是故行者還本際

파식망상필부득
叵息妄想必不得

무연선교착여의
無緣善巧捉如意

귀가수분득자량
歸家隨分得資糧

이다라니무진보
以陀羅尼無盡寶

장엄법계실보전
莊嚴法界實實殿

궁좌실제중도상
窮坐實際中道床

구래부동명위불
舊來不動名爲佛

■ 수위안좌편(受位安座篇) 第二十三

대중건성 풍경안좌
大衆虔誠 諷經安座

절이 신심유감 정성필응어신총 영감무사 부어이림어승회 여시영어 이강도량
切以 信心有感 精誠必應於神聰 靈鑑無私 部駛已臨於勝會 如是靈馭 已降道場

헌좌게(獻座偈)

아금경설보엄좌
我今敬設寶嚴座

봉헌일체고사전
奉獻一切庫司前

원멸진로망상심
願滅塵勞妄想心

속원해탈보리과
速圓解脫菩提果

헌좌진언
獻座眞言
옴 가마라 승하 사바하 (三遍)

(송심경 망칙봉다게 선 함합소 령수전상방화 환향성위전 송 금강경 급 수생경후 준권진소이차
(誦心經 忙則奉茶偈 宣 緘合疏 領受錢上放火 還向聖位前 誦 金剛經 及 壽生經后 準港盡燒而次)

송경 오공양후 정근명발축원
誦經 五供養后 精勤鳴鈸祝願)

다게 (茶偈)

금장감로다
今將甘露茶
원수애납수
願垂哀納受

봉헌고사전
奉獻庫司前
원수애납수
願垂哀納受

감찰건간심
鑑察虔懇心
원수자비애납수
願垂慈悲哀納受

※ 만약 상단과 중단의 권공의식을 마친 후 고사단의 소청의식을 거행한 것이라면 바로 이어서 고사단 권공의식을 거행한다.

고사단권공(가지변공편 第二十八) ⇩ p. 一六八.

■ 제위진백편(諸位陳白篇) 第二十四

근백 합당성중 금야(일)금시 건신소청 양수자민 특강향연 내연세속지상전배
謹白 闔堂聖衆 今夜(日)今時 虔伸召請 諒垂慈憫 特降香筵 乃緣世俗之相傳 排

열보위지좌차 실려존비착서 각위차수 개위범류 부지고하 복유총감 차제취좌
列寶位之坐次 實慮尊卑錯序 各位差殊 盖爲凡流 不知高下 伏惟摠鑑 次弟就坐

각사관용 긍휼성건 흠수공양 무임간도 격절지지
各賜寬容 矜恤誠虔 歆受供養 無任懇禱 激切之至

욕건만나라선송 정법계진언　옴 남 (三七遍)
欲建曼拏羅先誦 淨法界眞言

공양게(供養偈)

아금풍송비밀주　유출무변광대공　보공무진삼보전
我今諷誦秘密呪　流出無邊廣大供　普供無盡三寶前

원수애납수　원수애납수　원수자비애납수
願垂哀納受　願垂哀納受　願垂慈悲哀納受

■ 가지변공편(加持變供篇) 第二十五

절이 정단기설 향공사진 미진지찰재전 만월지용강회 전단재설 빈조교진 욕성
切以 淨壇旣說 香供斯陳 微塵之刹在前 滿月之容降會 栴檀再爇 蘋藻交陳 欲成

공양지주원 수장가지지변화 앙유삼보 특사가지
供養之周圓 須仗加持之變化 仰唯三寶 特賜加持

「나무시방불 나무시방법 나무시방승」(三說)
南無十方佛 南無十方法 南無十方僧

무량위덕 자재광명 승묘력 변식진언
無量威德 自在光明 勝妙力 變食眞言

나막 살바다타 아다 바로기제 옴 삼바라 삼바라 훔 (三七遍)

시감로수진언
施甘露水眞言

나무 소로바야 다타아다야 다냐타 옴 소로소로 바라소로 바라소로 사바하 (三七遍)

일자수륜관진언
一字水輪觀眞言

옴 밤 밤밤 (三七遍)

유해진언
乳海眞言

나무 사만다 못다남 옴 밤 (三七遍)

상래가지이흘 공양장진 이차향수 특신배헌
上來加持已訖 供養將陳 以此香羞 特伸拜獻

가지게(加持偈)

이차가지묘공구 공양삼신제불타
以此加持妙供具 供三身方諸佛陀

이차가지묘공구 공양지장대성존
以此加持妙供具 供養地藏大聖尊

이차가지묘공구 공양육광보살중
以此加持妙供具 供養六光菩薩眾

이차가지묘공구 공양화신육천조
以此加持妙供具 供養化身六天曹

이차가지묘공구 공양도명무독존
以此加持妙供具 供養道明無毒尊

이차가지묘공구 공양범석제천중
以此加持妙供具 供養梵釋諸天眾

이차가지묘공구 공양호세사왕중
以此加持妙供具 供養護世四王眾

불사자비수차공 시작불사도중생
不捨慈悲受此供 施作佛事度眾生

보공양진언
普供養眞言

옴 아아나 삼바바 바라 훔 (三遍)

보회향진언
普回向眞言

옴 삼마라 삼마라 미만나 사라마하 자거라바 훔 (三遍)

나무대불정 여래밀인 수증요의 제보살만행 수능엄신주
南無大佛頂 如來密因 修證了義 諸菩薩萬行 首楞嚴神呪

다냐타 옴 아나례 비사제 비라 바아라 다리 반다 반다니 바아라 바니반 호훔

다로옹박 사바하 (三遍)

불설소재길상다라니
佛說消災吉祥陀羅尼

나무 사만다 못다남 아바라지 하다사 사나남 다냐타 옴 카카 카헤 카헤 훔

훔 아바라 아바라 바라아바라 바라아바라 지따 지따 지리 지리 빠다 빠다 선

지가 시리예 사바하 (三遍)

대원성취진언
大願成就眞言

옴 아모카 살바다라 사다야 시베 훔 (三遍)

보궐진언
補闕眞言

옴 호로호로 사야목계 사바하 (三遍)

탄백(歎白)

찰진심념가수지　　대해중수가음진　　허공가량풍가계　　무능진설불공덕
刹盡心念可數知　　大海中水可飲盡　　虛空可量風可繫　　無能盡說佛功德

※ 축원 대신 화청(和請)과 축원화청(祝願和請)으로 거행할 수 있다.

축원(祝願)

앙고　　시방삼세 제망중중 무진삼보자존 불사자비 허수낭감 상래소수불공덕회
仰告　　十方三世 帝網重重 無盡三寶慈尊 不捨慈悲 許垂朗鑑 上來所修佛功德 回

향삼처실원만 시이 사바세계 남섬부주 동양 대한민국 모사 청정수월도량 금
向三處悉圓滿 是以 裟婆世界 南贍部洲 東洋 大韓民國 某寺 清淨水月道場 今

차 지극지정성 예수시왕생칠지재 동참발원재자 각각등 복위 현증복수 당생정
此 至極至精誠 預修十王生七之齋 同參發願齋者 各各等 伏爲 現增福壽 當生淨

찰지원　운운
刹之願　云云

欲建曼拏羅先誦　淨法界眞言

욕건만나라선송　정법계진언　옴　남 (二七遍)

공양게(供養偈)

아금화출백천수
我今化出百千水

각집향화등다과
各執香花燈茶果

봉헌명간대회전
奉獻冥間大會前

원수애납수
願垂哀納受

원수애납수
願垂哀納受

원수자비애납수
願垂慈悲哀納受

■ 가지변공편(加持變供篇) 第二十六

절이 향등경경 옥루침침 정당보공시방 역가명자삼유 자자 중신격절 재설명향
切以 香燈耿耿 玉漏沈沈 正當普供十方 亦可冥資三有 茲者 重伸激切 再爇名香

욕성공양지주원 수장가지지변화 앙유명감 부사증명
欲成供養之周圓 須仗加持之變化 仰惟冥鑑 俯賜證明

「나무시방불 나무시방법 나무시방승」 (三說)
南無十方佛 南無十方法 南無十方僧

무량위덕 자재광명 승묘력 변식진언
無量威德 自在光明 勝妙力 變食眞言

나막 살바다타 아다 바로기제 옴 삼바라 삼바라 훔 (二七遍)

시감로수진언
施甘露水眞言

나무 소로바야 다타아다야 다냐타 옴 소로소로 바라소로 바라소로 사바하 (二七遍)

일자수륜관진언
一字水輪觀眞言

옴 밤 밤 밤밤 (二七遍)

유해진언
乳海眞言

나무 사만다 못다남 옴 밤 (二七遍)

■ 보신배헌편(普伸拜獻篇) 第二十七

상래가지이흘 변화무궁 원차향위해탈지견 원차등위반야지광 원차수위감로제
上來加持已訖 變化無窮 願此香爲解脫知見 願此燈爲般若智光 願此水爲甘露醍

호 원차식위법희선열 내지 번화호열 다과교진 즉세제지장엄 성묘법지공양자
醻願此食爲法喜禪悅 乃至 幡花互列 茶果交陳 卽世諦之莊嚴 成妙法之供養慈

비소적 정혜소훈 이차향수 특신배헌
悲所積 定慧所熏 以此香羞 特伸拜獻

향공양연향공양
香供養燃香供養

화공양선화공양
花供養仙花供養

등공양연등공양
燈供養燃燈供養

미공양향미공양
米供養香米供養

다공양선다공양
茶供養仙茶供養

불사자비수차공양
不捨慈悲受此供養

과공양선과공양
果供養仙果供養

가지게(加持偈)

이차가지묘공구
以此加持妙供具

공양풍도대제존
供養酆都大帝尊

이차가지묘공구
以此加持妙供具

공양시왕명부중
供養十王冥府衆

이차가지묘공구
以此加持妙供具

공양태산부군중
供養泰山府君衆

이차가지묘공구
以此加持妙供具

공양십팔옥왕중
供養十八獄王衆

이차가지묘공구
以此加持妙供具

공양제위판관중
供養諸位判官衆

이차가지묘공구
以此加持妙供具

공양제위귀왕중
供養諸位鬼王衆

이차가지묘공구
以此加持妙供具

공양장군동자중
供養將軍童子衆

이차가지묘공구
以此加持妙供具

공양위내종관중
供養衛內從官衆

이차가지묘공구
以此加持妙供具

공양사자졸리중
供養使者卒吏衆

이차가지묘공구
以此加持妙供具

공양부지명위중
供養不知名位衆

실개수공발보리
悉皆受供發菩提

영리일체제악도
永離一切諸惡道

(보공양진언 보회향진언 차송금강심주 차성취주 차보궐주후 탄백 당이시지 시왕단 봉전되우고
普供養眞言 普回向眞言 次誦金剛心呪 次成就呪 次補闕呪後 歎白 當伊時至 十王壇 奉錢退于庫
사단야 차송반야심경삼편후 화청)
司壇也 次誦般若心經三遍後 和請)

보공양진언
普供養眞言

옴 아아나 삼바바 바라 훔 (三遍)

보회향진언
普回向眞言

옴 삼마라 삼마라 미만나 사라마하 자거라바 훔 (三遍)

※ 약례 시 대원성취진언 ⇨ p。 一六二。

관자재보살 행심반야바라밀다시 조견오온개공 도일체고액 사리자 색불이공
觀自在菩薩 行深般若波羅蜜多時 照見五蘊皆空 度一切苦厄 舍利子 色不異空

공불이색 색즉시공 공즉시색 수상행식 역부여시 사리자 시제법공상 불생불멸
空不異色 色即是空 空即是色 受想行識 亦復如是 舍利子 是諸法空相 不生不滅

불구부정 부증불감 시고공중무색 무수상행식 무안이비설신의 무색성향미촉법
不垢不淨 不增不減 是故空中無色 無受想行識 無眼耳鼻舌身意 無色聲香味觸法

무안계 내지무의식계 무무명 역무무명진 내지무노사 역무노사진 무고집멸도
無眼界 乃至無意識界 無無明 亦無無明盡 乃至無老死 亦無老死盡 無苦集滅道

무지역무득 이무소득고 보리살타 의반야바라밀다고 심무가애 무가애고 무유
無智亦無得 以無所得故 菩提薩埵 依般若波羅蜜多故 心無罣礙 無罣礙故 無有

공포 원리전도몽상 구경열반 삼세제불 의반야바라밀다고 득아뇩다라삼먁삼보
恐怖 遠離顛倒夢想 究竟涅槃 三世諸佛 依般若波羅蜜多故 得阿耨多羅三藐三菩

리 고지반야바라밀다 시대신주 시대명주 시무상주 시무등등주 능제일체고
提 故知般若波羅蜜多 是大神呪 是大明呪 是無上呪 是無等等呪 能除一切苦

진실불허 고설반야바라밀다주 즉설주왈
眞實不虛 故說般若波羅蜜多呪 即說呪曰

「아제아제 바라아제 바라승아제 모지 사바하」(三遍)

160

금강반야바라밀경찬
金剛般若波羅蜜經讚

여시아문 선남자선여인 수지독송 차경찬일권 여전금강경 삼십만편 우득신명
女是我聞 善男子善女人 受持讀誦 此經纂一卷 如轉金剛經 三十萬遍 又得神明

가호 중성제휴 국건대력칠년 비산현령 유씨여자 년일십구세 신망지칠일 득견
加護 衆聖提攜 國建大曆七年 毘山懸令 劉氏女子 年一十九歲 身亡至七日 得見

염라대왕 문왈 일생이래 작하인연 여자답왈 일생이래 편지득금강경 우문왈
閻羅大王 問曰 一生已來 作何因緣 女子答曰 一生已來 偏持得金剛經 又問曰

하불념금강경찬 여자답왈 연세상무본 왕왈 방여환활 분명기취 경문 종여시아
何不念金剛經纂 女子答曰 緣世上無本 王曰 放汝還活 分明記取 經聞 從如是我

문 지신수봉행 도계오천일백사십구자 육십구불 오십일세존팔십오여래 삼십칠
聞 至信受奉行 都計五千一百四十九字 六十九佛 五十一世尊八十五如來 三十七

보살 일백삼십팔수보리 이십육선남자선여인 삼십팔하이고 삼십육중생 삼십일
菩薩 一百三十八須菩提 二十六善男子善女人 三十八何以故 三十六衆生 三十一

어의운하 삼십여시 이십구아뇩다라삼먁삼보리 이십일보시 십팔복덕 일십삼항
於意云何 三十如是 二十九阿耨多羅三藐三菩提 二十一布施 十八福德 一十三恒

하사 십이미진 칠개삼천대천세계 칠개삼십이상 팔공덕 팔장엄 오바라밀 사수
河沙 十二微塵 七箇三千大千世界 七箇三十二相 八功德 八莊嚴 五波羅蜜 四須

다원 사사다함 사아나함 사아라한 차시사과선인 여아석위가리왕 할절신체 여
陀洹 四斯陀舍 四阿那舍 四阿羅漢 此是四果僊人 如我昔爲歌利王 割截身體 如

我往昔 節節支解時 若有我相人相衆生相壽者相 一一無我見人見衆生見壽者見

아왕석 절절지해시 약유아상인상중생상수자상 일일무아견인견중생견수자견

三比丘尼數內 七四句偈

삼비구니수내 칠사구게 「마하반야바라밀」(三說) 摩訶般若波羅蜜

金剛心眞言

금강심진언　　옴 오룬이 사바하 (三遍)

佛說消災吉祥陀羅尼

불설소재길상다라니

나무 사만다 못다남 아바라지 하다사 사나남 다냐타 옴 카카 카혜 카혜 훔 훔 아바라 아바라 바라아바라 바라아바라 지따 지따 지리 지리 빠다 빠다 선지가 시리예 사바하 (三遍)

大願成就眞言

대원성취진언　　옴 아모카 살바다라 사다야 시베 훔 (三遍)

補闕眞言

보궐진언　　옴 호로호로 사야목계 사바하 (三遍)

탄백(歎白)

제성자풍수불호　명왕원해최난궁　오통신속우난측　명찰인간순식중

諸聖慈風誰不好　冥王願海最難宮　五通神速尤難測　明察人間瞬息中

※ 화청 혹은 축원 후 고사단권공 ⇩ p。一六八。

화청(和請)

나무일심봉청 대비위본 음양이계 현무변신 광제군미 세존수화 이백불언 말세

南無一心奉請 大悲爲本 陰陽二界 現無邊身 廣濟群迷 世尊收化 而白佛言 末世

중생 아내진도 거환희국 남방화주 금일도량 약불강림 서원안재 시아본존 지

衆生 我乃盡度 居歡喜國 南方化主 今日道場 若不降臨 誓願安在 是我本尊 地

장대성 위수 용수보살 관세음보살 상비보살 다라니보살 금강장보살 도명화상

藏大聖 爲首 龍樹菩薩 觀世音菩薩 常悲菩薩 陀羅尼菩薩 金剛藏菩薩 道明和尚

무독귀왕 육대천조 제일진광대왕 제이초강대왕 제삼송제대왕 제사오관대왕

無毒鬼王 六大天曹 第一秦廣大王 第二初江大王 第三宋帝大王 第四五官大王

제오염라대왕 제육변성대왕 제칠태산대왕 제팔평등대왕 제구도시대왕 제십

第五閻羅大王 第六變成大王 第七泰山大王 第八平等大王 第九都市大王 第十

오도전륜대왕 흥대비심 섭수재자 현증복수 당생정찰

五道轉輪大王 興大悲心 攝受齋者 現增福壽 當生淨刹

지심걸청 제일왕각배 태산유판관 태산주판관 태음하후판관 나리실귀왕 악독
至心乞請 第一王各陪 泰山柳判官 泰山周判官 太陰夏候判官 那利失鬼王 惡毒

귀왕 부석귀왕 대쟁귀왕 주선동자 주악동자 일직사자 월직사자 흥대비심 섭
鬼王 負石鬼王 大諍鬼王 注善童子 注惡童子 日直使者 月直使者 興大悲心 攝

수재자 현증복수 당생정찰
受齋者 現增福壽 當生淨刹

지심걸청 제이왕각배 태산왕판관 태산재판관 도추노판관 태산양판관 대나리
至心乞請 第二王各陪 泰山王判官 泰山宰判官 都推盧判官 泰山楊判官 大那利

실귀왕 상원주장군 삼목귀왕 혈호귀왕 다악귀왕 주선동자 주악동자 일직사자
失鬼王 上元周將軍 三目鬼王 血虎鬼王 多惡鬼王 注善童子 注惡童子 日直使者

월직사자 흥대비심 섭수재자 현증복수 당생정찰
月直使者 興大悲心 攝受齋者 現增福壽 當生淨刹

지심걸청 제삼왕각배 태산하판관 태산유판관 사명판관 사록판관 태산서판관
至心乞請 第三王各陪 泰山河判官 泰山柳判官 司命判官 司錄判官 泰山舒判官

하원당장군 백호귀왕 적호귀왕 주선동자 주악동자 일직사자 흥대비
下元唐將軍 白虎鬼王 赤虎鬼王 注善童子 注惡童子 日直使者 興大悲

심 섭수재자 현증복수 당생정찰
心 攝受齋者 現增福壽 當生淨刹

지심걸청 至心乞請

제사왕각배 第四王各陪
태산소판관 泰山蕭判官
태산승판관 泰山勝判官
제사검복판관 諸司檢覆判官
사조배판관 司曹襄判官
비신 飛身

귀왕 鬼王
나리차귀왕 那利叉鬼王
전광귀왕 電光鬼王
주선동자 注善童子
일직사자 日直使者
월직사자 月直使者
흥대비심 興大悲心
섭수재자 攝受齋者
현증복수 現增福壽
당생정찰 當生淨刹

지심걸청 至心乞請
제오왕각배 第五王各陪
태산홍판관 泰山洪判官
주사마판관 注司馬判官
사조판관 司曹判官
악복조판관 惡福趙判官
의동최판 儀同崔判
관 官
천안귀왕 天眼鬼王
담수귀왕 啗獸鬼王
낭아귀왕 狼牙鬼王
대나리차귀왕 大那利叉鬼王
주선동자 注善童子
주악동자 注惡童子
일직사자 日直使者
월직사자 月直使者
흥대비심 興大悲心
섭수재자 攝受齋者
현증복수 現增福壽
당생정찰 當生淨刹

지심걸청 至心乞請
제육왕각배 第六王各陪
공조정판관 功曹鄭判官
법조호판관 法曹胡判官
태산굴판관 泰山屈判官
태음주실판관 太陰注失判官
주화 主禍

귀왕 鬼王
주모귀왕 主耗鬼王
주식귀왕 主食鬼王
아나타귀왕 阿那吒鬼王
주선동자 注善童子
주악동자 注惡童子
일직사자 日直使者
월직사자 月直使者
흥대비심 興大悲心
섭수재자 攝受齋者
현증복수 現增福壽
당생정찰 當生淨刹

지심걸청
至心乞請

제칠왕각배 오도굴판관 태산황판관 태산설판관 장인판관 장산판관
第七王各陪 五道屈判官 泰山黃判官 泰山薛判官 掌印判官 掌算判官

주재귀왕 대아나타귀왕 주축귀왕 주금귀왕 주선동자 주악동자 일직사자 월직
主財鬼王 大阿那吒鬼王 主畜鬼王 主禽鬼王 注善童子 注惡童子 日直使者 月直

사자 흥대비심 섭수재자 현증복수 당생정찰
使者 興大悲心 攝受齋者 現增福壽 當生淨刹

지심걸청
至心乞請

제팔왕각배 공조소판관 태산능판관 태산목판관 주산귀왕 주수귀왕
第八王各陪 功曹蕭判官 泰山凌判官 泰山睦判官 主産鬼王 主獸鬼王

사목귀왕 주발귀왕 주선동자 주악동자 일직사자 월직사자 흥대비심 섭수재자
四目鬼王 主魃鬼王 注善童子 注惡童子 日直使者 月直使者 興大悲心 攝受齋者

현증복수 당생정찰
現增福壽 當生淨刹

지심걸청
至心乞請

제구왕각배 육조황보판관 부조진판관 태산호판관 태산동판관 태산
第九王各陪 六曹皇甫判官 府曹陳判官 泰山胡判官 泰山董判官 泰山

웅판관 주금귀왕 오목귀왕 주질귀왕 주음귀왕 주선동자 주악동자 일직사자
熊判官 主禽鬼王 五目鬼王 主疾鬼王 主陰鬼王 注善童子 注惡童子 日直使者

월직사자 흥대비심 섭수재자 현증복수 당생정찰
月直使者 興大悲心 攝受齋者 現增福壽 當生淨刹

지심걸청 제십왕각배

至心乞請 第十王各陪

육조목판관 태산정판관 태산조판관 태산오판관 태산이

六曹睦判官 泰山鄭判官 泰山趙判官 泰山鄔判官 泰山李

판관 시통경판관 중원갈장군 산앙귀왕 주복귀왕 주선동자 주악동자 일직사자

判官 時通卿判官 中元葛將軍 産殃鬼王 主福鬼王 注善童子 注惡童子 日直使者

월직사자 흥대비심 섭수재자 현증복수 당생정찰

月直使者 興大悲心 攝受齋者 現增福壽 當生淨刹

태산부군난사난량 부지명위성위도전 부지명위판관도전 부지명위귀왕도전 부

泰山府君難思難量 不知名位聖位都前 不知名位判官都前 不知名位鬼王都前 不

지명위령관도전 부지명위사자도전 부지명위일체권속도전 흥대비심 섭수재자

知名位靈官都前 不知名位使者都前 不知名位一切眷屬都前 興大悲心 攝受齋者

현증복수 당생정찰

現增福壽 當生淨刹

(정진명발후 축원 고사단권공 일연 마구단권공가야)

(精進鳴鈸後 祝願 庫司壇勸供 一筵 馬廐壇勸供可也)

□ 고사단권공(庫司壇勸供) □

■ 가지변공편(加持變供篇) 第二十八

향수나열 재자건성 욕구공양지주원 수장가지지변화 앙유삼보 특사가지
香羞羅列 齋者虔誠 欲求供養之周圓 須仗加持之變化 仰唯三寶 特賜加持

「나무시방불 나무시방법 나무시방승」(三說)
南無十方佛 南無十方法 南無十方僧

무량위덕 자재광명 승묘력 변식진언
無量威德 自在光明 勝妙力 變食眞言

나막 살바다타 아다 바로기제 옴 삼바라 삼바라 훔 (三遍)

시감로수진언
施甘露水眞言

나무 소로바야 다타아다야 다냐타 옴 소로소로 바라소로
바라소로 사바하 (三遍)

일자수륜관진언
一字水輪觀眞言

옴 밤 밤밤 (三遍)

유해진언
乳海眞言

나무 사만다 못다남 옴 밤 (三遍)

상래가지이흘
上來加持已訖

공양장진　이차향수　특신공양
供養將陳　以此香羞　特伸供養

유원판관고사애강도량　불사자비수차공양
不捨判官庫司哀降道場　不捨慈悲受此供養

향공양연향공양
香供養燃香供養

등공양연등공양
燈供養燃燈供養

다공양선다공양
茶供養仙茶供養

과공양선과공양
果供養仙果供養

화공양선화공양
花供養仙花供養

미공양향미공양
米供養香米供養

가지게(加持偈)

이차가지묘공구
以此加持妙供具
공양천조지부군
供養天曹地府君

이차가지묘공구
以此加持妙供具
공양본명성록관
供養本命星祿官

이차가지묘공구
以此加持妙供具
공양선악동자중
供養善惡童子眾

이차가지묘공구
以此加持妙供具
공양택신장군중
供養宅神將軍眾

이차가지묘공구
以此加持妙供具
공양가조대왕중
供養家竈大王眾

이차가지묘공구
以此加持妙供具
공양수초장군중
供養水草將軍衆

이차가지묘공구
以此加持妙供具
공양복록재록관
供養福祿財祿官

이차가지묘공구
以此加持妙供具
공양식록명록관
供養食祿命祿官

이차가지묘공구
以此加持妙供具
공양본고성관등
供養本庫星官等

건성배헌묘공구
虔誠拜獻妙供具
불사자비수차공
不捨慈悲受此供

(보공양주 회향주 차독함합소 차 할수재자축원운 마구단권공 우해탈문내설 화마십필 배지단상
(普供養呪 回向呪 次讀緘合疏 次 割授齋者祝願云 馬廏壇勸供 于解脫門內設 畵馬十匹 排之壇上
진 숙태두죽 각기배치후 차 변식주(삼칠편) 차 운심게 급 공양주 회향주
進 熟太豆粥 各器排置后 次 變食呪(三七遍) 次 運心偈 及 供養主 回向呪)

보공양진언
普供養眞言
옴 아아나 삼바바 바라 훔 (三遍)

보회향진언
普回向眞言
옴 삼마라 삼마라 미만나 사라마하 자거라바 훔 (三遍)

대원성취진언
大願成就眞言

옴 아모카 살바다라 사다야 시베 훔 (三遍)

보궐진언
補闕眞言

옴 호로호로 사야목계 사바하 (三遍)

탄백(歎白)

제성자풍수불호　명왕원해최난궁　오통신속우난측　명찰인간순식중
諸聖慈風誰不好　冥王願海最難窮　五通迅速尤難測　明察人間瞬息中

함합소(緘合疏)

(피봉식)　제모고　모조관전
(皮封式)　第某庫　某曹官前

헌납 재자 모인 근봉
獻納 齋者 某人 謹封

수설명사승회함합소
修設冥司勝會緘合所

거사바세계　남섬부주　동양　대한민국　모처거주　모인복위　현증복수　당생정찰
據 裟婆世界　南瞻部洲　東洋　大韓民國　某處居住　某人伏爲　現增福壽　當生淨刹

지원　취어모사　이금월금일　예수시왕생칠지재　근명병법사리일원　급법사승기원
之願 就於某寺 以今月今日 豫修十王生七之齋 謹命秉法闍梨一員 及法事僧幾員

약일야 양번발첩 결계건단 식준과의 엄비수생대흠지전 광열향화진수지미 상
約一夜 揚幡發牒 結界建壇 式遵科儀 嚴備壽生貸欠之錢 廣列香花珍羞之味 上

공시방성현지존 중공시왕명부지중 하급각위안열제사 차지고사단전 보소십이
供十方聖賢之尊 中供十王冥府之衆 下及各位案列諸司 次至庫司壇前 普召十二

생상 제위성총 천조진군 지부진군 본명원신 본명성관 선부동자 택신토지 오
生相 諸位聖聰 天曹眞君 地府眞君 本命元神 本命星官 善部童子 宅神土地 五

도장군 가조대왕 수초장군 복록관 재록관 의록관 식록관 전록관 명록관 본고
道將軍 家竈大王 水草將軍 福祿官 財祿官 衣祿官 食祿官 錢祿官 命祿官 本庫

관 광포법식 비제향화 일일봉헌 일일공양 절이일진응적 물아무형 일기조분
官 廣布法食 備諸香花 一一奉獻 一一供養 切以一眞凝寂 物我無形 一氣肇分

내유방위지계 망명홀기 잉자수생지차 금부모생모명 재자 증어제모고모사군전
乃有方位之界 妄明忽起 仍玆壽生之差 今夫某生某名 齋者 曾於第某庫某司君前

품수인신지시 대흠명간지전기관 수생경 금강경기권 이어본명 성총전 납어본
稟受人身之時 貸欠冥間之錢某貫 壽生經 金剛經幾卷 已於本命 聖聰前 納於本

고 생어인간 빈부귀천 수단고락 각득기소 이자수용 이금소흠명전 기관기권
庫 生於人間 貧富貴賤 修短苦樂 各得其所 以自受用 而今所欠冥錢 幾貫幾卷

비수준권 환납 제모고모사군전 행결납수 제한무력 부득비수 유승불력 장법가
備數準卷 還納 第某庫某司君前 行乞納受 第恨無力 不得備數 惟承佛力 仗法加

지 이위위진 이무위유 변성금은지전 일위무량 무량위일 일다무애 사리쌍융
持 以偽爲眞 以無爲有 變成金銀之錢 一爲無量 無量爲一 一多無碍 事理雙融

변만찰해지중 아이여시 제불법력 실령구족 복기성총 조찰영납 함합자 근소

遍滿刹海之中 我以如是 諸佛法力 悉令具足 伏祈聖聰 照察領納 緘合者 謹疏

불기 년월 일 병법사문 모 근소

佛紀 年月日 秉法沙門 某 謹疏

(함합소독후 절반할수 이증후고야)

(緘合疏讀后 折半割授 以證后考也)

축원(祝願)

절이 할수재자 운운

切以 割授齋者 云云

※ 차후 마구단 권공의식을 행하고、이어서 전시식(奠施食) 혹은 관음시식(觀音施食)을 거행한다。

□ 마구단(馬廐壇) □

(마구단권공 우해달문내설 화마십필 배지단상 진숙태두죽 각기배치 차운심
(馬廐壇勸供 于解脫門內設 畫馬十四 排之壇上 進熟太豆粥 各器排置 次變食呪(三七遍) 次運心

게 급공양주 회향주)
偈 及供養呪 回向呪)

정법계진언
淨法界眞言

옴 남 (三遍)

무량위덕 자재광명 승묘력 변식진언
無量威德 自在光明 勝妙力 變食眞言

나막 살바다라 아다 바로기제 옴 삼바라 삼바라 훔 (三七遍)

운심게(運心偈)

원차청정묘향찬
願此淸淨妙香饌

공양유명신마중 수차묘공대인연 속리본취생선도
供養幽冥神馬衆 受此妙供大因緣 速離本趣生善道

운심공양진언
運心供養眞言

나막 살바다라 아제 백미 새바 목케배약 살바다캄 오나아제
바라해맘 옴 아아나캄 사바하 (三遍)

보공양진언
普供養眞言
옴 아아나 삼바바 바라 훔 (三遍)

보회향진언
普回向眞言
옴 삼마라 삼마라 미만나 사라마하 자거라바 훔 (三遍)

대원성취진언
大願成就眞言
옴 아모카 살바다라 사다야 시베 훔 (三遍)

보궐진언
補闕眞言
옴 호로호로 사야목계 사바하 (三遍)

귀의불 귀의법 귀의승 귀의불양족존 귀의법이욕존 귀의승중중존
歸依佛 歸依法 歸依僧 歸依佛兩足尊 歸依法離欲尊 歸依僧衆中尊
귀의불경 귀의법경 귀의승경
歸依佛竟 歸依法竟 歸依僧竟

봉송진언
奉送眞言
옴 바아라 사다 목차목 (三遍)

※ 차후 시시식(施食)을 거행한다。 전시식 ⇩ p。 一八二、혹은 관음시식 ⇩ p。 二一二。

※ 다음의 기성가지편(別第一)과 보신배헌편(別第二), 공성회향편(別第三)은 상위와 중위 소청을 거행한 후 상단과 중단의 권공의식을 동시에 거행하는 의식으로, 약례문(略禮文)이라 할 수 있다.

■ **기성가지편**(祈聖加持篇) 別第一

切以

향등경경 옥루침침 정당보공시방 역가명자삼유 자자 전단재설 빈조교착

香燈耿耿 玉漏沈沈 正當普供十方 亦可冥資三有 兹者 栴檀再爇 蘋燥交着

욕성공양지주원 수장가지지변화 앙간비지 부사증명

欲成供養之周圓 須仗加持之變化 仰懇悲智 俯賜證明

「**나무시방불 나무시방법 나무시방승**」(三說)

南無十方佛 南無十方法 南無十方僧

무량위덕 자재광명 승묘력 변식진언

無量威德 自在光明 勝妙力 變食眞言

나막 살바다라 아다 바로기제 옴 삼바라 삼바라 훔(三遍)

시감로수진언 施甘露水眞言

나무 소로바야 다타아다야 다냐타 옴 소로소로 바라소로 바라소로 사바하 (三遍)

일자수륜관진언 一字水輪觀眞言

옴 밤 밤밤 (三遍)

유해진언 乳海眞言

나무 사만다 못다남 옴 밤 (三遍)

■ 보신배헌편(普伸拜獻篇) 別第二

상래가지이흘 변화무궁 원차향위해탈지견 원차등위반야지광 원차수위감로제
上來加持已訖 變化無窮 願此香爲解脫知見 願此燈爲般若智光 願此水爲甘露醍

호 원차식위법희선열 내지 번화호열 다과교진 즉세제지장엄 성묘법지공양 자
醐 願此食爲法喜禪悅 乃至 幡花互列 茶果交陳 卽世諦之莊嚴 成妙法之供養 慈

비소적 정혜소훈 이차향수 특신배헌
悲所積 定慧所熏 以此香羞 特伸拜獻

향공양연향공양 　 등공양연등공양 　 다공양선다공양 　 과공양선과공양
香供養燃香供養 　 燈供養燃燈供養 　 茶供養仙茶供養 　 果供養仙果供養

화공양선화공양 花供養仙花供養

미공양향미공양 米供養香米供養

불사자비수차공양 不捨慈悲受此供養

가지게(加持偈)

이차가지묘공구 以此加持妙供具
공양시방제불타 供養十方諸佛陀

이차가지묘공구 以此加持妙供具
공양시방제달마 供養十方諸達摩

이차가지묘공구 以此加持妙供具
공양시방제승가 供養十方諸僧伽

이차가지묘공구 以此加持妙供具
공양지장대성존 供養地藏大聖尊

이차가지묘공구 以此加持妙供具
공양육광제보살 供養六光諸菩薩

이차가지묘공구 以此加持妙供具
공양삼신육천조 供養三身六天曹

이차가지묘공구 以此加持妙供具
공양도명무독존 供養道明無毒尊

이차가지묘공구 以此加持妙供具
공양범석제천중 供養梵釋諸天衆

이차가지묘공구
以此加持妙供具

공양호세사왕중
供養護世四王衆

（以上 上位）

이차가지묘공구
以此加持妙供具

공양풍도대제존
供養酆都大帝尊

이차가지묘공구
以此加持妙供具

공양명부시왕중
供養冥府十王衆

이차가지묘공구
以此加持妙供具

공양태산부군중
供養泰山府君衆

이차가지묘공구
以此加持妙供具

공양십팔옥왕중
供養十八獄王衆

이차가지묘공구
以此加持妙供具

공양판관귀왕중
供養判官鬼王衆

이차가지묘공구
以此加持妙供具

공양장군동자중
供養將軍童子衆

이차가지묘공구
以此加持妙供具

공양위내종관중
供養衛內從官衆

이차가지묘공구
以此加持妙供具

공양사자귀졸중
供養使者鬼卒衆

（以上 中位）

이차가지묘공구
以此加持妙供具

공양부지명위중
供養不知名位衆

실개수공발보리　시작불사도중생
悉皆受供發菩提　施作佛事度衆生

보공양진언
普供養眞言
옴 아아나 삼바바 바라 훔 (三遍)

보회향진언
普回向眞言
옴 삼마라 삼마라 미만나 사라마하 자거라바 훔 (三遍)

대원성취진언
大願成就眞言
옴 아모카 살바다라 사다야 시베 훔 (三遍)

보궐진언
補闕眞言
옴 호로호로 사야목계 사바하 (三遍)

탄백 (歎白)

찰진심념가수지　대해중수가음진　허공가량풍가계　무능진설불공덕
刹盡心念可數知　大海中水可飲盡　虛空可量風可繫　無能盡說佛功德

축원 (祝願)

■ 공성회향편(供聖回向篇) 別第三

상래수재정지 이구부선 공망자비 부수조감 복원 삼계구유 염념증진 육취사생
上來修齋情旨 已具敷宣 恭望慈悲 俯垂照鑑 伏願 三界九有 念念證眞 六趣四生

신신작불 수재시주 만선장엄 수천망령 구련화왕 풍조우순 국태민안 불일증휘
新新作佛 修齋施主 萬善莊嚴 受薦亡靈 九蓮化往 風調雨順 國泰民安 佛日增輝

법륜상전 연후원 수궁삼제 횡변시방 등목양연 제등각안 염시방삼세 일체제불
法輪常轉 然后願 竪窮三際 橫徧十方 等沐良緣 齊登覺岸 念十方三世 一切諸佛

제존보살마하살 마하반야바라밀
諸尊菩薩摩訶薩 摩訶般若波羅蜜

※ 만약 본 별편(別篇)을 거행한 것이라면 상단과 중단의 권공의식을 마친 상태이므로, 다음은 고사단

소청의식과 고사단 권공의식을 거행하면 된다.

소청고사판관편 ⇩ p. 一四五.

◉ 전시식(奠施食)

거불(擧佛)

나무 극락도사 아미타불
南無 極樂導師 阿彌陀佛

나무 관음세지 양대보살
南無 觀音勢至 兩大菩薩

나무 명양구고 지장왕보살 (三說)
南無 冥陽救苦 地藏王菩薩

다게(茶偈)

원수애납수
願垂哀納受

금장감로다
今將甘露茶

봉헌증명전
奉獻證明前

원수애납수
願垂哀納受

감찰건간심
鑑察虔懇心

원수자비애납수
願垂慈悲哀納受

창혼(唱魂)

거사바세계
據娑婆世界

남섬부주
南贍部洲

동양
東洋

대한민국
大韓民國

모산하
某山下

모사
某寺

청정수월도량
清淨水月道場

금차
今此

지극지
至極至

정성
精誠 預修十王生七之齋 薦魂齋者

예수시왕생칠지재 천혼재자

모처거주 모인복위 소천 모인영가
某處居住 某人伏爲 所薦 某人靈駕

상래 영청재자 시회대중 각각등복위 각
上來 迎請齋者 時會大衆 各各等伏爲 各

친제형숙백 자매질손 일체무진제불자등 각열위열명영가
親弟兄叔伯 姉妹姪孫 一切無盡諸佛子等 各列位列名靈駕

상세선망 사존부모 원근친척 누대종
上世先亡 師尊夫母 遠近親戚 累代宗

하 유주무주 운집고혼 제불자등 각열위열명영가
下 有主無主 雲集孤魂 諸佛子等 各列位列名靈駕

차도량내외 동상동
此道場內外 洞上洞

차사 최초창건이래 지어중건중수 조불조탑 불량등촉 내지 불전내외 일용범제
此寺 最初創建以來 至於重建重修 造佛造塔 佛糧燈燭 乃至 佛前內外 日用凡諸

집물 유공덕주 화주시주 도감별좌 조연양공 사사시주등 각열위열명영가 차오
什物 有功德主 化主施主 都監別坐 助緣良工 四事施主等 各列位列名靈駕 此五

대양육대주 위국절사 충의장졸 기한동뇌 구종횡사 형헌이종 산난이사 일체애
大洋六大洲 爲國節使 忠義將卒 飢寒凍餒 九種橫死 刑憲而終 産難而死 一切哀

혼등중 내지 철위산간 오무간옥 일일일야 만사만생 수고함령등중 각열위열명영가
魂等衆 乃至 鐵圍山間 五無間獄 一日一夜 萬死萬生 受苦含靈等衆 各列位列名靈駕

겸급법계 사생칠취 삼도팔난 사은삼유 일체유식 함령등중 각열위열명영가
兼及法界 四生七趣 三途八難 四恩三有 一切有識 含靈等衆 各列位列名靈駕

착어(着語)

「불신충만어법계 보현일체중생전 수연부감미부주 이항처차보리좌」(三說)

佛身充滿於法界 普現一切衆生前 隨緣赴感靡不周 而恒處此菩提座

시일금시 사문대중등 운자비심 행평등행 이본원력 대방광불화엄경력 제불가

是日今時 沙門大衆等 運慈悲心 行平等行 以本願力 大方廣佛華嚴經力 諸佛加

피지력 이차청정법식 보시일체법계 면연귀왕 소통령자 삼십육부 무량무변 항

被之力 以此清淨法身 普施一切法界 面燃鬼王 所統領者 三十六部 無量無邊 恒

하사수 제아귀중 계하리제모 일체권속 바라문선중 병차방타계 도병운명 수화

河沙數 諸餓鬼衆 泊訶利帝母 一切眷屬 婆羅門仙衆 併此方他界 刀兵殞命 水火

분표 질역유리 기한동뇌 승목자진 형헌이종 산난이사 일체체백고혼 의초부목

焚漂 疾疫流離 飢寒凍餒 繩木自盡 刑憲而終 産難而死 一切滯魄孤魂 依草附木

일체귀신 지부풍도 대소철위산 오무간옥 팔한팔열 경중제지옥 악사성황등처

一切鬼神 地府酆都 大小鐵圍山 五無間獄 八寒八熱 輕重諸地獄 嶽司城隍等處

일체수고중생 육도방래 함부아청 무일유자 원여일일 각득마갈

一切受苦衆生 六途傍來 咸赴我請 無一遺者 願汝一一 各得摩竭

다국 소용지곡 칠칠곡식 제제기갈 제공범성난통 당구삼보가피

陀國 所用之斛 七七斛食 除諸飢渴 第恐凡聖難通 當求三寶加被

천수일편위고혼 지심제청 지심제수

千手一片爲孤魂 至心諦聽 至心諦受

신묘장구대다라니
神妙章句大陀羅尼

나모라 다나 다라 야야 나막 알야 바로기제 새바라야 모지 사다바야 마하 사

다바야 마하 가로 니가야 옴 살바 바예수 다라나 가라야 다사명 나막 가리다

바 이맘 알야 바로기제 새바라 다바 니라간타 나막 하리나야 마발다 이사미

살발타 사다남 수반 아예염 살바 보다남 바바말아 미수다감 다냐타 옴 아로

계 아로가 마지로가 지가란제 혜혜하례 마하 모지 사다바 사마라 사마라 하

리나야 구로구로 갈마 사다야 사다야 도로도로 미연제 마하 미연제 다라다라

다린나레 새바라 자라자라 마라 미마라 아마라 몰제 예혜혜 로계 새바라 라

아 미사미 나사야 나베 사미 사미 나사야 모하자라 미사미 나사야 호로호로

마라 호로 하례 바나마 나바 사라사라 시리시리 소로소로 못자못자 모다야

모다야 메다리야 니라간타 가마사 날사남 바라 하리나야 마낙 사바하 싣다야

사바하 마하 싣다야 사바하 싣다유예 새바라야 사바하 니라 간타야 사바하

바라하 목카 싱하 목카야 사바하 바나마 하따야 사바하 자가라 욕다야 사바

하 상카 섭나네 모다나야 사바하 마하라 구타 다라야 사바하 바마 사간타 이

사 시췌다 가릿나 이나야 사바하 먀가라 이바 사나야 사바하 「나모라

다나 다라 야야 나막 알야 바로기제 새바라야 사바하」 (三遍)

약인욕지 若人欲了知 삼세일체불 三世一切佛 응관법계성 應觀法界性 일체유심조 一切唯心造

파지옥진언 破地獄眞言

옴 가라지야 사바하 (三遍)

해원결진언 解冤結眞言

옴 삼다라 가닥 사바하 (三遍)

보소청진언 普召請眞言

나무 보보제리 가리다리 다타 아다야 (三遍)

나무상주시방불 南無常住十方佛 나무상주시방법 南無常住十方法 나무상주시방승 南無常住十方僧

나무 본사석가모니불 南無本師釋迦牟尼佛

나무 관세음보살 南無觀世音菩薩

나무 명양구고지장왕보살
南無 冥陽救苦地藏王菩薩

나무 기교아난다존자
南無 起教阿難陀尊者

제불자 이승삼보 가피지력 실부아청 당생희유심 사리전도상 귀의삼보 참제
諸佛子 已承三寶 加被之力 悉赴我請 當生稀有心 捨離顛倒想 歸依三寶 懺除

죄장 인후개통 운심평등 수아소시 무차무애 청정법식 제제기갈
罪障 咽喉開通 運心平等 受我所施 無遮無碍 清淨法食 除諸飢渴

귀의불 귀의법 귀의승
歸依佛 歸依法 歸依僧

귀의불양족존 귀의법이욕존 귀의승중중존
歸依佛兩足尊 歸依法離欲尊 歸依僧衆中尊

귀의불경 귀의법경 귀의승경
歸依佛竟 歸依法竟 歸依僧竟

지장보살멸정업진언
地藏菩薩滅定業眞言

옴 바라 마니 다니 사바하 (三遍)

관세음보살멸업장진언
觀世音菩薩滅業障眞言

옴 아로륵계 사바하 (三遍)

개인후진언
開咽喉眞言

옴 보보제리 가리다리 다타 아다야 (三遍)

삼매야계진언
三昧耶戒眞言

옴 삼매야 살다밤 (三遍)

선밀가지 신전윤택 업화청량 각구해탈
宣密加持　身田潤澤　業火淸凉　各求解脫

변식진언
變食眞言

나막 살바다타 아다 바로기제 옴 삼바라 삼바라 훔 (三遍)

시감로수진언
施甘露水眞言

나무 소로바야 다타아다야 다냐타 옴 소로소로 바라소로 바라소로 사바하 (三遍)

일자수륜관진언
一字水輪觀眞言

옴 밤 밤밤 (三遍)

유해진언
乳海眞言

나무 사만다 못다남 옴 밤 (三遍)

칭양성호 (稱揚聖號)

188

나무다보여래 (南無多寶如來) 원제고혼 (願諸孤魂) 파제간탐 (破除慳貪) 법재구족 (法財具足)

나무보승여래 (南無寶勝如來) 원제고혼 (願諸孤魂) 각사악도 (各捨惡道) 수의초승 (隨意超昇)

나무묘색신여래 (南無妙色身如來) 원제고혼 (願諸孤魂) 이추루형 (離醜陋形) 상호원만 (相好圓滿)

나무광박신여래 (南無廣博身如來) 원제고혼 (願諸孤魂) 사육범신 (捨六凡身) 오허공신 (悟虛空身)

나무이포외여래 (南無離怖畏如來) 원제고혼 (願諸孤魂) 이제포외 (離諸怖畏) 득열반락 (得涅槃樂)

나무감로왕여래 (南無甘露王如來) 원제고혼 (願諸孤魂) 인후개통 (咽喉開通) 획감로미 (獲甘露味)

나무아미타여래 (南無阿彌陀如來) 원제고혼 (願諸孤魂) 수념초생 (隨念超生) 극락세계 (極樂世界)

시식게 (施食偈)

신주가지정음식 (神呪加持淨飲食) 보시하사중귀신 (普施河沙衆鬼神) 원개포만사간탐 (願皆飽滿捨慳貪) 속탈유명생정토 (速脫幽冥生淨土)

귀의삼보발보리 (歸依三寶發菩提) 구경득성무상도 (究竟得成無上道) 공덕무변진미래 (功德無邊盡未來) 일체중생동법식 (一切衆生同法食)

여등귀신중 汝等鬼神衆
아금시여공 我今施汝供
차식변시방 此食遍十方 일체귀신공 一切鬼神供

원이차공덕 願以此功德
보급어일체 普及於一切
아등여중생 我等與衆生 개공성불도 皆共成佛道

시귀식진언 施鬼食眞言
옴 미기미기 야야미기 사바하 (三遍)

시무차법식진언 施無遮法食眞言
옴 목역능 사바하 (三遍)

보공양진언 普供養眞言
옴 아아나 삼바바 바아라 훅 (三遍)

제불자 수법식이 諸佛子 受法食已
기갈기제 금당재위 飢渴旣除 今當再爲
여등참회 무시이래 汝等懺悔 無始以來
지어금일 장신구의 至於今日 將身口意

작제악업 각각지성 作諸惡業 各各至誠
수아음성 발로참회 隨我音聲 發露懺悔

참회게 (懺悔偈)
아석소조제악업 我昔所造諸惡業
개유무시탐진치 皆由無始貪嗔癡
종신구의지소생 從身口意之所生
일체아금개참회 一切我今皆懺悔

제불자 참회죄업이 금당지성 발사홍서원 연후 제청묘법
諸佛子 懺悔罪業已 今當至誠 發四弘誓願 然後 諦聽妙法

발사홍서원(發四弘誓願)

중생무변서원도
衆生無邊誓願度

자성중생서원도
自性衆生誓願度

번뇌무진서원단
煩惱無盡誓願斷

자성번뇌서원단
自性煩惱誓願斷

법문무량서원학
法門無量誓願學

자성법문서원학
自性法門誓願學

불도무상서원성
佛道無上誓願成

자성불도서원성
自性佛道誓願成

발보리심진언
發菩提心眞言

옴 모지 짓다 못다 바나야 믹 (三遍)

제불자 발사홍서원이 각의세심 제청묘법 아불여래 연민여등 자무시이래 지어
諸佛子 發四弘誓願已 各宜洗心 諦聽妙法 我佛如來 憐愍汝等 自無始以來 至於

금일 미진축망 수업표류 출몰사생 왕래육도 수무량고 특위여등 개대해탈문
今日 迷眞逐妄 隨業漂流 出沒四生 往來六道 受無量苦 特爲汝等 開大解脫門

연설십이인연법 각령어언하 돈명자성 영절윤회 십이인연법자 역인역인인 역
演說十二因緣法 各令於言下 頓明自性 永絶輪廻 十二因緣法者 亦因亦因因 亦

과역과과 미지즉생사업해 오지즉적멸성공
果亦果果 迷之則生死業海 悟之則寂滅性空

무명연행 식연명색 육입연촉 수연애 애연취
無明緣行 行緣識 識緣名色 名色緣六入 六入緣觸 觸緣受 受緣愛 愛緣取 取緣

유 유연생 생연노사우비고뇌 무명멸즉행멸 행멸즉식멸 식멸즉명색멸 명색멸
有 有緣生 生緣老死憂悲苦惱 無明滅則行滅 行滅則識滅 識滅則名色滅 名色滅

즉육입멸 육입멸즉촉멸 촉멸즉수멸 수멸즉애멸 애멸즉취멸 취멸즉유멸 유멸
則六入滅 六入滅則觸滅 觸滅則受滅 受滅則愛滅 愛滅則取滅 取滅則有滅 有滅

즉생멸 생멸즉노사우비고뇌멸
則生滅 生滅則老死憂悲苦惱滅

범소유상 개시허망 약견제상비상 즉견여래
凡所有相 皆是虛妄 若見諸相非相 卽見如來

일체유위법 여몽환포영 여로역여전 응작여시관
一切有爲法 如夢幻泡影 如露亦如電 應作如是觀

약이색견아 이음성구아 시인행사도 불능견여래
若以色見我 以音聲求我 是人行邪道 不能見如來

일념보관무량겁 무거무래역무주 여시요지삼세사 초제방편성십력
一念普觀無量劫 無去無來亦無住 如是了知三世事 超諸方便成十力

마하반야바라밀다심경
摩訶般若波羅蜜多心經

관자재보살 행심반야바라밀다시 조견오온개공 도일체고액 사리자 색불이공
觀自在菩薩 行深般若波羅蜜多時 照見五蘊皆空 度一切苦厄 舍利子 色不異空

공불이색 색즉시공 공즉시색 수상행식 역부여시 사리자 시제법공상 불생불멸
空不異色 色即是空 空即是色 受想行識 亦復如是 舍利子 是諸法空相 不生不滅

불구부정 부증불감 시고공중무색 무수상행식 무안이비설신의 무색성향미촉법
不垢不淨 不增不減 是故空中無色 無受想行識 無眼耳鼻舌身意 無色聲香味觸法

무안계 내지무의식계 무무명 역무무명진 내지무노사 역무노사진 무고집멸도
無眼界 乃至無意識界 無無明 亦無無明盡 乃至無老死 亦無老死盡 無苦集滅道

무지역무득 이무소득고 보리살타 의반야바라밀다고 심무가애 무가애고 무유
無智亦無得 以無所得故 菩提薩埵 依般若波羅蜜多故 心無罣礙 無罣礙故 無有

공포 원리전도몽상 구경열반 삼세제불 의반야바라밀다고 득아뇩다라삼막삼보
恐怖 遠離顚倒夢想 究竟涅槃 三世諸佛 依般若波羅蜜多故 得阿耨多羅三藐三菩

리 고지반야바라밀다 시대신주 시대명주 시무상주 시무등등주 능제일체고
提 故知般若波羅蜜多 是大神咒 是大明咒 是無上咒 是無等等咒 能除一切苦

진실불허 고설반야바라밀다주 즉설주왈
眞實不虛 故說般若波羅蜜多咒 卽說咒曰

「아제아제 바라아제 바라승아제 모지 사바하」(三遍)

나무 아미다바야 다타가다야 다디야타 아미리 도바비 아미리다 실담바비 아
미리다 비가란제 아미리다 비가란다 가미니 가가나 깃다가례 사바하 (三遍)

■ 장엄염불(莊嚴念佛)

원아진생무별념
願我盡生無別念
아미타불독상수
阿彌陀佛獨相隨
심심상계옥호광
心心常繫玉毫光
염념불리금색상
念念不離金色相

아집염주법계관
我執念珠法界觀
허공위승무불관
虛空爲繩無不貫
평등사나무하처
平等舍那無何處
관구서방아미타
觀求西方阿彌陀

나무서방대교주
南無西方大教主
무량수여래불
無量壽如來佛
「나무아미타불」
南無阿彌陀佛 (十念)

아미타불재하방
阿彌陀佛在何方
착득심두절막망
着得心頭切莫忘
염도념궁무념처
念到念窮無念處
육문상방자금광
六門常放紫金光

극락세계십종장엄(極樂世界十種莊嚴)

법장서원수인장엄
法藏誓願修因莊嚴
사십팔원원력장엄
四十八願願力莊嚴
미타명호수광장엄
彌陀名號壽光莊嚴
삼대사관보상장엄
三大士觀寶像莊嚴

미타국토안락장엄 보하청정덕수장엄 보전여의누각장엄 주야장원시분장엄
彌陀國土安樂莊嚴 寶河淸淨德水莊嚴 寶殿如意樓閣莊嚴 晝夜長遠時分莊嚴

이십사락정토장엄 삼십종익공덕장엄
二十四樂淨土莊嚴 三十種益功德莊嚴

석가여래팔상성도 (釋迦如來八相成道)

도솔래의상 비람강생상 사문유관상 유성출가상
兜率來儀相 毘藍降生相 四門遊觀相 踰城出家相

설산수도상 수하항마상 녹원전법상 쌍림열반상
雪山修道相 樹下降魔相 鹿苑轉法相 雙林涅槃相

오종대은명심불망 (五種大恩銘心不忘)

각안기소국왕지은 생양구로부모지은 유통정법사장지은 당가위보유차염불
各安其所國王之恩 生養劬勞父母之恩 流通正法師長之恩 當可爲報唯此念佛

사사공양단월지은 탁마상성붕우지은
四事供養檀越之恩 琢磨相成朋友之恩

청산첩첩미타굴 창해망망적멸궁 물물염래무가애 기간송정학두홍
青山疊疊彌陀窟 滄海茫茫寂滅宮 物物拈來無罣碍 幾看松亭鶴頭紅

극락당전만월용
極樂堂前滿月容
옥호금색조허공
玉毫金色照虛空
약인일념칭명호
若人一念稱名號
경각원성무량공
頃刻圓成無量功

삼계유여급정륜
三界猶如汲井輪
백천만겁역미진
百千萬劫歷微塵
차신불향금생도
此身不向今生度
갱대하생도차신
更待何生度此身

천상천하무여불
天上天下無如佛
시방세계역무비
十方世界亦無比
세간소유아진견
世間所有我盡見
일체무유여불자
一切無有如佛者

찰진심념가수지
刹塵心念可數知
대해중수가음진
大海中水可飲盡
허공가량풍가계
虛空可量風可繫
무능진설불공덕
無能盡說佛功德

가사정대경진겁
假使頂戴經塵劫
신위상좌변삼천
身爲牀座徧三千
약불전법도중생
若不傳法度衆生
필경무능보은자
畢竟無能報恩者

보화비진요망연
報化非眞了妄緣
법신청정광무변
法身淸淨廣無邊
천강유수천강월
千江有水千江月
만리무운만리천
萬里無雲萬里天

십념왕생원
十念往生願
왕생극락원
往生極樂願
상품상생원
上品上生願
광도중생원
廣度衆生願

원공법계제중생
願共法界諸衆生
동입미타대원해
同入彌陀大願海
진미래제도중생
盡未來際度衆生
자타일시성불도
自他一時成佛道

나무서방정토 극락세계 삼십육만억 일십일만 구천오백 동명동호 대자대비 아
南無西方淨土 極樂世界 三十六萬億 一十一萬 九千五百 同名同號 大慈大悲 阿

미타불 나무서방정토 극락세계 불신장광 상호무변 금색광명 변조법계 사십팔원
彌陀佛 南無西方淨土 極樂世界 佛身長廣 相好無邊 金色光明 遍照法界 四十八願

도탈중생 불가설 불가설전 불가설 항하사 불찰미진수 도마죽위 무한극수 삼백
度脫衆生 不可說 不可說轉 不可說 恒河沙 佛刹微塵數 稻麻竹葦 無限極數 三百

육십만억 일십일만 구천오백 동명동호 대자대비 아등도사 금색여래 아미타불
六十萬億 一十一萬 九千五百 同名同號 大慈大悲 我等導師 金色如來 阿彌陀佛

나무문수보살
南無文殊菩薩

나무보현보살
南無普賢菩薩

나무관세음보살
南無觀世音菩薩

나무대세지보살
南無大勢至菩薩

나무금강장보살
南無金剛藏菩薩

나무제장애보살
南無除障碍菩薩

나무미륵보살
南無彌勒菩薩

나무지장보살
南無地藏菩薩

나무일체청정대해중보살마하살
南無一切清淨大海衆菩薩摩訶薩

원공법계제중생
願共法界諸衆生

동입미타대원해
同入彌陀大願海

발원게(發願偈)

시방삼세불
十方三世佛

아미타제일
阿彌陀第一

구품도중생
九品度衆生

위덕무궁극
威德無窮極

아금대귀의 我今大歸依　참회삼업죄 懺悔三業罪　범유제복선 凡有諸福善　지심용회향 至心用回向

원동염불인 願同念佛人　진생극락국 盡生極樂國　견불요생사 見佛了生死　여불도일체 如佛度一切

왕생게(往生偈)

원아임욕명종시 願我臨欲命終時　진제일체제장애 盡除一切諸障碍　면견피불아미타 面見彼佛阿彌陀　즉득왕생안락찰 卽得往生安樂刹

공덕게(功德偈)

원이차공덕 願以此功德　보급어일체 普及於一切　아등여중생 我等與衆生　당생극락국 當生極樂國

동견무량수 同見無量壽　개공성불도 皆空成佛道

以上 奠施食 終

198

※ 위패 및 번、 각종 소송물을 거두어 들고 상단을 향하여 거행한다。

■ 공성회향편(供聖回向篇) 第二十九

상래 보집대중 풍송대비다라니 제부신주 가지정식 공양지장보살 육광보살 육
上來 普集大衆 諷誦大悲陀羅尼 諸部神呪 加持淨食 供養地藏菩薩 六光菩薩 六

대천조 범석사왕 풍도대제 위수 십전명왕 명부등중 풍송금강경 원만공덕 장
大天曹 梵釋四王 酆都大帝 爲首 十殿冥王 冥府等衆 諷誦金剛經 圓滿功德 將

차수인 보개회향 수재시주 급제유정 현증복수 당생정토 소구여원 일일성취
此殊因 普皆回向 修齋施主 及諸有情 現增福壽 當生淨土 所求如願 一一成就

종지돈명 구성정각
種智頓明 俱成正覺

(염십념운운 제위봉송 비산화기 위의집봉 문외행)
(念十念云云 諸位奉送 備散花器 威儀執奉 門外行)

염시방삼세 일체제불제존보살마하살 마하반야바라밀
念十方三世 一切諸佛諸尊菩薩摩訶薩 摩訶般若波羅蜜

(제위봉송준비 기명위의집봉 우문외행 병법독공성회향편 후재자시위패행 차시식 법주급말번
(諸位奉送準備 器皿威儀執奉 于門外行 秉法讀供聖回向篇 后齋者侍位牌行 次施食 法主及末番

인도 입어정중야)
引導 立於庭中也)

(차종두봉고사패 당좌봉화향촉 차단주지고사단 인도립어정외야)
(次鍾頭奉庫司牌 堂佐奉花香燭 次壇主至庫司壇 引導立於庭外也)

(차사자동자위패 당좌시 귀왕장군판관 불지명위등패 보청 당좌급부종두등 차차시시왕패 부기
(次使者童子位牌 堂佐侍 鬼王將軍判官 不知名位等牌 普請 堂佐及副鍾頭等 次次侍十王牌 副記

사시담도패 찰중시단주급증번인도 입어내정중우변)
事侍郊都牌 察衆侍壇主及中番引導 立於內庭中右邊)

(차경당좌 시범석천왕패 수당좌시천조패 상종두시도명무독패 상기사시육광패 유나시입련삼신
(次經堂佐 侍梵釋天王牌 首堂佐侍天曹牌 上鍾頭侍道明無毒牌 上記事侍六光牌 維那侍入輦三身

패 단주급상번인도 입어내정중좌변 가야)
牌 壇主及上番引導 立於內庭中左邊 可也)

■ 경신봉송편（敬伸奉送篇）第三十

상래　법연고파　능사이원　욕신발견지의　수사강림지경　복원　번화분도　구환기어
上來　法筵告罷　能事已圓　欲伸發遣之儀　須謝降臨之慶　伏願　幡花分道　俱還起於

정연　누각승공　병각귀어진계　아금봉송　성현유게　당이선양　청제대중　이구동음
淨筵　樓閣乘空　並各歸於眞界　我今奉送　聖賢有偈　當以宣揚　請諸大衆　異口同音

수아금설
隨我今說

봉송지장육광존
奉送地藏六光尊

발고여락도중생
拔苦與樂度衆生

봉송도명무독존
奉送道明無毒尊

조양진화이유정
助揚眞化利有情

봉송응화육천조
奉送應化六天曹

대권시적제군생
大權示迹濟群生

봉송범석사왕중
奉送梵釋四王衆

실보수인이인간
實報酬因利人間

봉송국왕용신중
奉送國王龍神衆

각리사견득불신
各離邪見得佛身

봉송풍도대제중
奉送酆都大帝衆

회향보리무상과
回向菩提無上果

봉송십전명왕중
奉送十殿冥王衆

속증여래정법신
速證如來正法身

봉송판관귀왕중
奉送判官鬼王衆

각리업도증보리
各離業道證菩提

봉송고관사군중
奉送庫官司君衆

실발보리득삼매
悉發菩提得三昧

봉송장군동자중
奉送將軍童子衆

실제열뇌득청량
悉除熱惱得清涼

봉송사자제권속
奉送使者諸眷屬

원리우환상안락
遠離憂患常安樂

아어타일건도량
我於他日建道場

불위본서환래부
不違本誓還來赴

제불자 기수향공
諸佛子 旣受香供

이청법음 금당봉송
已聽法音 今當奉送

갱의건성 봉사삼보
更宜虔誠 奉辭三寶

보례삼보 (普禮三寶)

보례시방상주불
普禮十方常住佛

보례시방상주법
普禮十方常住法

보례시방상주승
普禮十方常住僧

행보게 (行步偈)

이행천리만허공
移行千里滿虛空

귀도정망도정방
歸道情忘到淨邦

삼업투성삼보례
三業投誠三寶禮

성범동회법왕궁
聖凡同會法王宮

산화락 (三說)
散花落

나무대성인로왕보살 (三說)
南無大聖引路王菩薩

(소대에 이르러)

법성게 (法性偈)

법성원융무이상 法性圓融無二相
제법부동본래적 諸法不動本來寂
무명무상절일체 無名無相絕一切
증지소지비여경 證智所知非餘境

진성심심극미묘 眞性甚深極微妙
불수자성수연성 不守自性隨緣成
일중일체다중일 一中一切多中一
일즉일체다즉일 一即一切多即一

일미진중함시방 一微塵中含十方
일체진중역여시 一切塵中亦如是
무량원겁즉일념 無量遠劫即一念
일념즉시무량겁 一念即是無量劫

구세십세호상즉 九世十世互相即
잉불잡란격별성 仍不雜亂隔別成
초발심시변정각 初發心時便正覺
생사열반상공화 生死涅槃相共和

이사명연무분별 理事冥然無分別
십불보현대인경 十佛普賢大人境
능인해인삼매중 能仁海印三昧中
번출여의부사의 繁出如意不思議

우보익생만허공 雨寶益生滿虛空
중생수기득이익 衆生隨器得利益
시고행자환본제 是故行者還本際
파식망상필부득 叵息妄想必不得

무연선교착여의 無緣善巧捉如意
귀가수분득자량 歸家隨分得資糧
이다라니무진보 以陀羅尼無盡寶
장엄법계실보전 莊嚴法界實寶殿

궁좌실제중도상 窮坐實際中道床
구래부동명위불 舊來不動名爲佛

금차 문외봉송 예수시왕생칠지재 발원재자 모처거주 모인복위 소천 모인영가
今日 門外奉送 預修十王生七之齋 發願齋者 某處居住 某人伏爲 所薦 某人靈駕

등 각열위열명영가
等 各列位列名靈駕

불리망연즉 차청산승 말후일게
不離妄緣則 且聽山僧 末後一偈

상래 시식풍경 염불공덕 이망연야 불리망연야 이망연즉 천당불찰 임성소요
上來 施食諷經 念佛功德 離妄緣耶 不離妄緣耶 離妄緣則 天堂佛刹 任性逍遙

사대각리여몽중 육진심식본래공 욕식불조회광처 일락서산월출동
四大各離如夢中 六塵心識本來空 欲識佛祖回光處 日落西山月出東

풍송가지(諷誦加持)

염시방삼세 일체제불 제존보살마하살 마하반야바라밀
念十方三世 一切諸佛 諸尊菩薩摩訶薩 摩訶般若波羅蜜

원왕생 원왕생 왕생극락견미타 획몽마정수기별
願往生 願往生 往生極樂見彌陀 獲蒙摩頂授記莂

원왕생 원왕생 원재미타회중좌 수집향화상공양
願往生 願往生 願在彌陀會中坐 手執香花常供養

원왕생 원왕생 왕생화장연화계 자타일시성불도
願往生 願往生 往生華藏蓮花界 自他一時成佛道

소전진언
燒錢眞言

옴 비로기제 사바하 (三遍)

봉송진언
奉送眞言

옴 바아라 사다 목차목 (三遍)

상품상생진언
上品上生眞言

옴 마니다니 훔훔 바탁 사바하 (三遍)

처세간여허공 여련화불착수 심청청초어피 계수례무상존
處世間如虛空 如蓮花不着水 心淸淸超於彼 稽首禮無上尊

귀의불 귀의법 귀의승 귀의불양족존 귀의법이욕존 귀의승중중존
歸依佛 歸依法 歸依僧 歸依佛兩足尊 歸依法離欲尊 歸依僧衆中尊

귀의불경 귀의법경 귀의승경 선보운정 복유진중
歸依佛竟 歸依法竟 歸依僧竟 善步雲程 伏惟珍重

보회향진언
普回向眞言

옴 삼마라 삼마라 미만나 사라마하 자거라바 훔 (三遍)

파산게(罷散偈)

화탕풍요천지괴　요요장재백운간　일성휘파금성벽　단향불전칠보산
火湯風搖天地壞　遙遙長在白雲間　一聲揮破金城壁　但向佛前七寶山

■ 화재수용편(化財受用篇) 第三十一

※ 본 편 거행 시 금은전과 경전 일체를 소(燒)한다.

수용무궁 하유화재지게 대중수언후화
受用無窮 下有化財之偈 大衆隨言後和

부이무상비밀지언 가지명재 원차일재 위다재 이다재 위무진지재 용충본고
復以無上秘密之言 加持冥財 願此一財 爲多財 以多財 爲無盡之財 用充本庫

화재게(化財偈)

원제불이신통력 가지명재변법계 원차일재화다재 보시명부용무진 (三遍)
願諸佛以神通力 加持冥財遍法界 願此一財化多財 普施冥府用無盡

소전진언
燒錢眞言
나모 사만다 못다남 옴 바자나 비로기제 사바하 (多遍)

헌전진언
獻錢眞言
옴 아자나 훔 사바하 (三遍)

■ 봉송명부편(奉送冥府篇) 第三十二

상래소청 제대성중 음부영관 불사자비 이부청연 특사강림 수첨공양 요익아등
上來召請 諸大聖衆 陰府靈官 不捨慈悲 已赴請筵 特賜降臨 受霑供養 饒益我等

능사이원 금당봉송 각환본위 아불유봉송다라니 근당선념
能事已圓 今當奉送 各還本位 我佛有奉送陀羅尼 謹當宣念

(차단소정물 소송시 송하구)
(此壇所呈物 燒送時 誦下句)

「십전올올환본위 판관호종귀각점 동자서서차제행 사자상상행차도
十殿兀兀還本位 判官扈從歸各店 童子徐徐次第行 使者常常行次到

봉송명부예배간 전위소진풍취헐 소재강복수여해 영탈객진번뇌염」(多遍)
奉送冥府禮拜間 錢爲燒盡風吹歇 消災降福壽如海 永脫客塵煩惱焰

불설소재길상다라니
佛說消災吉祥陀羅尼

나무 사만다 못다남 아바라지 하다사 사나남 다냐타 옴 카카 카혜 카혜 훔

훔 아바라 아바라 바라아바라 바라아바라 지따 지따 지리 지리 빠다 빠다 선

지가 시리예 사바하 (三遍)

봉송진언
奉送眞言

옴 바아라 사다 목차목 (三遍)

(차삼보불패　삼신번등　소송시　차송)
(次三寶佛牌　三身幡等　燒送時　次誦)

■ 봉송상위 (奉送上位)

십념(十念)

청정법신비로자나불　원만보신노사나불　천백억화신석가모니불
淸淨法身毘盧遮那佛　圓滿報身盧舍那佛　千百億化身釋迦牟尼佛

구품도사아미타불　당래하생미륵존불　시방삼세일체제불
九品導師阿彌陀佛　當來下生彌勒尊佛　十方三世一切諸佛

시방삼세일체존법
十方三世一切尊法

대지문수사리보살　대행보현보살
大智文殊師利菩薩　大行普賢菩薩

대비관세음보살　대원본존지장보살　제존보살마하살
大悲觀世音菩薩　大願本尊地藏菩薩　諸尊菩薩摩訶薩

마하반야바라밀
摩訶般若波羅蜜

불설소재길상다라니
佛說消災吉祥陀羅尼

나무 사만다 못다남 아바라지 하다사 사나남 다냐타 옴 카카 카혜 카혜 훔

흠 아바라 아바라 바라아바라 바라아바라 지따 지따 지리 지리 빠다 빠다 선

지가 시리예 사바하 (三遍)

봉송진언
奉送眞言

옴 바아라 사다 목차목 (三遍)

배송게(拜送偈)

시방제불찰 十方諸佛刹 장엄실원만 莊嚴悉圓滿 원수귀정토 願須歸淨土 애념인계인 哀念忍界人

■ 보신회향편(普伸回向篇) 第三十三

상래승회 上來勝會 병이주원 並已周圓 범성환희 凡聖歡喜 공낙무위지화 共樂無爲之化 단나경찬 檀那慶讚 동창유덕지명 同彰有德之名 존망권속 存亡眷屬

개안수회 皆安隨喜 조연구리 助緣俱利 유여사난봉난우지덕 有如斯難逢難遇之德 획여사대경대행지은 獲如斯大慶大幸之恩 대중건성 大衆虔誠 봉사성 奉辭聖

중 **일심계수 용신회향**
衆 一心稽首 用伸回向

보회향진언
普回向眞言

옴 삼마라 삼마라 미만나 사라마하 자거라바 훔 (三遍)

화탕풍요천지괴　요요장재백운간　일성휘파금성벽　단향불전칠보산
火蕩風搖天地壞　寥寥長在白雲間　一聲揮破金城壁　但向佛前七寶山

파산게 (坡散偈)

삼자귀의 (三自歸依)

자귀의불　당원중생　체해대도　발무상의
自歸依佛　當願衆生　體解大道　發無上意

자귀의법　당원중생　심입경장　지혜여해
自歸依法　當願衆生　深入經藏　智慧如海

자귀의승　당원중생　통리대중　일체무애
自歸依僧　當願衆生　統理大衆　一切無礙

귀의삼보경　소작제공덕　시일체유정　개공성불도
歸依三寶竟　所作諸功德　施一切有情　皆空成佛道

삼회향례 (三回向禮)

나무 환희장마니보적불
南無 歡喜藏摩尼寶積佛

나무 원만장보살마하살
南無 圓滿藏菩薩摩訶薩

나무 회향장보살마하살
南無 回向藏菩薩摩訶薩

회향게 (回向偈)

보원중생고륜해 총령제열득청량 개발무상보리심 동출애하등피안
普願衆生苦輪海 摠令除熱得清涼 皆發無上菩提心 同出愛河登彼岸

豫修十王生七齋 終

● 관음시식(觀音施食)

거불(舉佛)

나무 원통교주 관세음보살
南無 圓通教主 觀世音菩薩

나무 도량교주 관세음보살
南無 道場教主 觀世音菩薩

나무 원통회상 불보살
南無 圓通會上 佛菩薩

창혼(唱魂)

거 사바세계 남섬부주 동양 대한민국 모처 모산하 모사 청정수월도량 금차
據 娑婆世界 南贍部洲 東洋 大韓民國 某處 某山下 某寺 淸淨水月道場 今此

지극지정성 ○○재시 천혼재자 모처거주 모인복위 소천선 모인영가 「재설·삼
至極至精誠 ○○齋時 薦魂齋者 某處居住 某人伏爲 所薦先 某人靈駕 「再說。三

설」재당○○재 지신 모인영가복위 위주 상세선망부모 다생사장 누세종친 제
說」齋堂○○齋 至信 某人靈駕伏爲 偏主 上世先亡父母 多生師長 累世宗親 弟

형숙백 자매질손 일체친속등 각열위열명영가 차사최초 창건이래 지어중건중
兄叔伯 姉妹姪孫 一切親屬等 各列位列名靈駕 此寺最初 創建以來 至於重建重

212

수 화주시주 도감별좌 불전내외 일용범제집물 대소결연 수위동참등 각열위열
修化主施主 都監別座 佛前內外 日用凡諸什物 大小結緣 守衛同參等 各列位列

명영가 내지 철위산간 오무간지옥 일일일야 만사만생 수고함령등중
名靈駕 乃至 鐵圍山間 五無間地獄 一日一夜 萬死萬生 受苦含靈等衆

각열위영가 겸급법계 사생칠취 삼도팔난 사은삼유 일체유식 함령등중 각열위
各列位靈駕 兼及法界 四生七趣 三途八難 四恩三有 一切有識 含靈等衆 各列位

영가 차도량내외 동상동하 유주무주 침혼체백 일체애혼 고혼불자등 각각열위
靈駕 此道場內外 洞上洞下 有主無主 沈魂滯魄 一切哀魂 孤魂佛子等 各各列位

열명영가
列名靈駕

착어(着語)

영원담적 무고무금 묘체원명 하생하사 변시 석가세존 마갈엄관지시절 달마대
靈源湛寂 無古無今 妙體圓明 何生何死 便是 釋迦世尊 摩竭掩關之時節 達摩大

사 소림면벽지가풍 소이 니련하측 곽시쌍부 총령도중 수휴척리 제불자 환회
師 少林面壁之家風 所以 泥蓮河側 槨示雙趺 蔥嶺途中 手携隻履 諸佛子 還會

득 담적원명저 일구마 (양구) 부앙은현현 시청명력력 약야회득 돈증법신 영
得 湛寂圓明底 一句麽 (良久) 俯仰隱玄玄 視聽明歷歷 若也會得 頓證法身 永

멸기허 기혹미연 승불신력 장법가지 부차향단 수아묘공 증오무생
滅飢虛 其或未然 承佛神力 仗法加持 赴此香壇 受我妙供 證悟無生

이차진령신소청 以此振鈴伸召請
명도귀계보문지 冥途鬼界普聞知
원승삼보력가지 願承三寶力加持
금일(야)금시내부회 今日(夜)今時來赴會

상래소청 제불자등 각열위열명영가
上來召請 諸佛子等 各列位列名靈駕

자광조처연화출 慈光照處蓮花出
혜안관시지옥공 慧眼觀時地獄空
우황대비신주력 又況大悲神呪力
중생성불찰나중 衆生成佛刹那中

천수일편위고혼 千手一片爲孤魂
지심제청 至心諦聽
지심제수 至心諦受

신묘장구대다라니 神妙章句大陀羅尼

나모라 다나 다라 야야 나막 알야 바로기제 새바라야 모지 사다바야 마하 사
다바야 마하 가로 니가야 옴 살바 바예수 다라나 가라야 다사명 나막 가리다
바 이맘 알야 바로기제 새바라 다바 니라간타 나막 하리나야 마발다 이사미
살발타 사다남 수반 아예염 살바 보다남 바바말아 미수다감 다냐타 옴 아로
계 아로가 마지로가 지가란제 혜혜하례 마하 모지 사다바 사마라 사마라 하

리나야 구로구로 갈마 사다야 사다야 도로도로 미연제 마하 미연제 다라다라

다린나레 새바라 자라자라 마라 미마라 아마라 몰제 예혜혜 로계 새바라

아 미사미 나사야 나베 사미 사미 나사야 모하자라 미사미 나사야 호로호로

마라 호로 하례 바나마 나바 사라사라 시리시리 소로소로 못자못자 모다야

모다야 메다리야 니라간타 가마사 날사남 바라 하리나야 마낙 사바하 실다야

사바하 마하 실다야 실다유예 새바라야 사바하 니라 간타야 사바하

바라하 목카 싱하 목카야 사바하 바나마 하따야 자가라 욕다야 사바

하 상카 섭나네 모다나야 사바하 마하라 구타 다라야 사바하 이

사 시췌다 가릿나 이나야 사바하 먀가라 잘마 이바 사나야 사바하 바마 사간타 이

다나 다라 야야 나막 알야 바로기제 새바라야 사바하 「나모라 (三遍)

파지옥진언
破地獄眞言

약인욕요지 若人欲了知
삼세일체불 三世一切佛
응관법계성 應觀法界性
일체유심조 一切唯心造

옴 가라지야 사바하 (三遍)

해원결진언
解冤結眞言
보소청진언
普召請眞言

옴 삼다라 가닥 사바하 (三遍)

나무 보보제리 가리다리 다타 아다야 (三遍)

나무상주시방불
南無常住十方佛

나무상주시방법
南無常住十方法

나무상주시방승 (三說)
南無常住十方僧

나무대자대비 구고관세음보살 (三說)
南無大慈大悲 救苦觀世音菩薩

나무대방광불화엄경 (三說)
南無大方廣佛華嚴經

증명청(證明請)

나무일심봉청 수경천층지보개 신괘백복지화만 도청혼어극락계중 인망령향벽
南無一心奉請 手擎千層之寶蓋 身掛百福之華鬘 導淸魂於極樂界中 引亡靈向碧

련대반 대성인로왕보살마하살 유원자비 강림도량 증명공덕 (三請)
蓮臺畔 大聖引路王菩薩摩訶薩 唯願慈悲 降臨道場 證明功德

향화청 (三說)
香花請

가영(歌詠)

수인온덕용신희 염불간경업장소
修仁蘊德龍神喜 念佛看經業障消

여시성현내접인 정전고보상금교 고아일심귀명정례
如是聖賢來接引 庭前高步上金橋 故我一心歸命頂禮

헌좌게(獻座揭)

헌좌진언
獻座眞言

묘보리좌승장엄 제불좌이성정각 아금헌좌역여시 자타일시성불도
妙菩提座勝莊嚴 諸佛坐已成正覺 我今獻座亦如是 自他一時成佛道

옴 바아라 미나야 사바하 (三遍)

다게(茶偈)

금장감로다 봉헌증명전 감찰건간심
今將甘露茶 奉獻證明前 鑑察虔懇心

원수애납수 원수애납수 원수자비애납수
願垂哀納受 願垂哀納受 願垂慈悲哀納受

보공양진언
普供養眞言

옴 아아나 삼바바 바아라 훔 (三遍)

217 관음시식

청사(請詞)

일심봉청 실상이명 법신무적 종연은현 약경상지유무 수업승침 여정륜지고하
一心奉請 實相離名 法身無跡 從緣隱現 若鏡像之有無 隨業昇沈 如井輪之高下

묘변막측 환래하란 원아금차 지극지정성
妙變莫測 幻來何難 願我今此 至極之精誠

○○재 위천재자 모처거주 모인복위
齋 爲薦齋者 某處居住 某人伏爲

소천선 모인영가 승불위광 내예향단 수첨법공
所薦先 某人靈駕 承佛威光 來詣香壇 受霑法供

청사(請詞)

일심봉청 생종하처래 사향하처거 생야일편부운기 사야일편부운멸 부운자체
一心奉請 生從何處來 死向何處去 生也一片浮雲起 死也一片浮雲滅 浮雲自體

본무실 생사거래역여연 독유일물상독로 담연불수어생사 원아금차 지극지정
本無實 生死去來亦如然 獨有一物常獨露 湛然不隨於生死 願我今此 至極之精

성○○재 천혼재자 모인복위
誠 齋 薦魂齋者 某人伏爲

모인영가 승불위광 내예향단 수첨향공
某人靈駕 承佛威光 來詣香壇 受霑香供

청사(請詞)

일심봉청 약인욕식불경계 당정기의여허공 원리망상급제취 영심소향개무애 원
一心奉請 若人欲識佛境界 當淨基意如虛空 遠離妄想及諸趣 令心所向皆無碍 願

아금차 지극지정성 ○○
我今此 至極之精誠

재 천혼재자
齋 薦魂齋者

모인복위 모인영가 영가복위위주 상세선
某人伏爲 某人靈駕 靈駕伏爲爲主 上世先

망 사존부모 원근친척 누대종친 제형숙백 자매질손 일체무진 제불자등 각열
亡 師尊父母 遠近親戚 累代宗親 弟兄叔伯 姉妹姪孫 一切無盡 諸佛者等 各列

위열명영가 차도량내외 동상동하 유주무주 운집고혼 제불자등 각열위열명영
位列名靈駕 此道場內外 洞上洞下 有主無主 雲集孤魂 諸佛者等 各列位列名靈

가도량내 위패명위등 각열위열명영영가 내지 철위산간 오무간옥 일일일야 만
駕道場內 位牌名位等 各列位列名靈駕 乃至 鐵圍山間 五無間獄 一日一夜 萬

사만생 수고함령등중 각열위열명영가 겸급법계 사생칠취 삼도팔난 사은삼유 일체
死萬生 受苦含靈等衆 各列位列名靈駕 兼及法界 四生七趣 三途八難 四恩三有 一切

유식 함령등중 각열위열명영가 승불위광 내예향단 수첨향등다미공
有識 含靈等衆 各列位列名靈駕 承佛威光 來詣香壇 受霑香燈茶米供

향연청 (三說)
香烟請

가영 (歌詠)

삼혼묘묘귀하처
三魂杳杳歸何處

칠백망망거원향
七魄茫茫去遠鄉

금일진령신소청
今日振鈴伸召請

원부명양대도량
願赴冥陽大道場

수위안좌 (受位安座)

제불자등 각열위영가 상래 승불섭수 장법가지 기무수계이임연 원획소요이취
諸佛者等 各列位靈駕 上來 承佛攝受 仗法加持 既無囚繫以臨筵 願獲逍遙而就

좌 하유안좌지게 대중수언후화
座 下有安座之偈 大衆受言後和

아금의교설화연 종종진수열좌전 대소의위차제좌 전심제청연금언
我今依教說華蓮 種種珍羞列座前 大小依位次第坐 專心諦聽演金言

수위안좌진언 옴 마니 군다니 훔훔 사바하 (三遍)
受位安座眞言

다게 (茶偈)

백초임중일미신 조주상권기천인 팽장석정강심수
百草林中一味新 趙州常勸幾天人 烹將石鼎江心水

원사망령헐고륜 원사고혼헐고륜 원사제령헐고륜
願使亡靈歇苦輪 願使孤魂歇苦輪 願使諸靈歇苦輪

선밀게 (宣密偈)

선전윤택 업화청량 각구해탈
身田潤澤 業火清凉 各求解脫

선밀가지
宣密加持

220

변식진언
變食眞言

나막 살바다타 아다 바로기제 옴 삼바라 삼바라 훔 (三遍)

시감로수진언
施甘露水眞言

나무 소로바야 다타아다야 다냐타 옴 소로소로 바라소로 바라소로 사바하 (三遍)

일자수륜관진언
一字水輪觀眞言

옴 밤 밤밤 밤밤 (三遍)

유해진언
乳海眞言

나무 사만다 못다남 옴 밤 (三遍)

칭양성호(稱揚聖號)

나무 다보여래
南無 多寶如來
원제고혼 願諸孤魂
파제간탐 破除慳貪
법재구족 法財具足

나무 묘색신여래
南無 妙色身如來
원제고혼 願諸孤魂
이추루형 離醜陋形
상호원만 相好圓滿

나무 광박신여래
南無 廣博身如來
원제고혼 願諸孤魂
사육범신 捨六凡身
오허공신 悟虛空身

나무 이포외여래
南無 離怖畏如來
원제고혼 願諸孤魂
이제포외 離諸怖畏
득열반락 得涅槃樂

나무 南無　감로왕여래 甘露王如來　원아각각 願我各各　열명영가 列名靈駕　인후개통 咽喉開通　획감로미 獲甘露味

시식게(施食偈)

원차가지식 願此加持食　보변만시방 普遍滿十方　식자제기갈 食者除飢渴　득생안양국 得生安養國

시귀식진언 施鬼食眞言

옴 미기미기 야야미기 사바하 (三遍)

시무차법식진언 施無遮法食眞言

옴 목역능 사바하 (三遍)

보공양진언 普供養眞言

옴 아아나 삼바바 바아라 훔 (三遍)

보회향진언 普回向眞言

옴 삼마라 삼마라 미만나 사라마하 자거라바 훔 (三遍)

권반게(勸飯偈)

하이아난찬 何異阿難饌　기장함포만 飢腸咸飽滿　업화돈청량 業火頓清涼

수아차법식 受我此法食

돈사탐진치 頓捨貪嗔癡　상귀불법승 常歸佛法僧　염념보리심 念念菩提心　처처안락국 處處安樂國

금강게(金剛偈)

범소유상 凡所有相

개시허망 皆是虛妄

약견제상비상 若見諸相非相

즉견여래 卽見如來

여래십호(如來十號)

여래 如來 응공 應供 정변지 正遍智 명행족 明行足 선서 善逝 세간해 世間解 무상사 無上士 조어장부 調御丈夫 천인사 天人師 불세존 佛世尊

법화게(法華偈)

제법종본래 諸法從本來

상자적멸상 常自寂滅相

불자행도이 佛子行道已

내세득작불 來世得作佛

열반게(涅槃偈)

제행무상 諸行無常

시생멸법 是生滅法

생멸멸이 生滅滅已

적멸위락 寂滅爲樂

■ **장엄염불(莊嚴念佛)**

원아진생무별념 願我盡生無別念

아미타불독상수 阿彌陀佛獨相隨

심심상계옥호광 心心常繫玉豪光

염념불리금색상 念念不離金色相

아집염주법계관
我執念珠法界觀

허공위승무불관
虛空爲繩無不貫

평등사나무하처
平等舍那無何處

관구서방아미타
觀求西方阿彌陀

나무서방대교주
南無西方大敎主

무량수여래불
無量壽如來佛

「나무아미타불」
南無阿彌陀佛

（十念）

아미타불재하방
阿彌陀佛在何方

착득심두절막망
着得心頭切莫忘

염도념궁무념처
念到念窮無念處

육문상방자금광
六門常放紫金光

극락세계십종장엄（極樂世界十種莊嚴）

법장서원수인장엄
法藏誓願修因莊嚴

사십팔원원력장엄
四十八願願力莊嚴

미타명호수광장엄
彌陀名號壽光莊嚴

삼대사관보상장엄
三大士觀寶像莊嚴

미타국토안락장엄
彌陀國土安樂莊嚴

보하청정덕수장엄
寶河淸淨德水莊嚴

보전여의누각장엄
寶殿如意樓閣莊嚴

주야장원시분장엄
晝夜長遠時分莊嚴

이십사락정토장엄
二十四樂淨土莊嚴

삼십종익공덕장엄
三十種益功德莊嚴

석가여래팔상성도（釋迦如來八相成道）

도솔래의상
兜率來儀相

비람강생상
毘藍降生相

사문유관상
四門遊觀相

유성출가상
瑜城出家相

설산수도상
雪山修道相

수하항마상
樹下降魔相

녹원전법상
鹿苑轉法相

쌍림열반상
雙林涅槃相

오종대은명심불망(五種大恩銘心不忘)

각안기소국왕지은 各安其所國王之恩
생양구로부모지은 生養劬勞父母之恩
유통정법사장지은 流通正法師長之恩
사사공양단월지은 四事供養檀越之恩
탁마상성붕우지은 琢磨相成朋友之恩
당가위보유차염불 當可爲報唯此念佛

청산첩첩미타굴 靑山疊疊彌陀窟
창해망망적멸궁 滄海茫茫寂滅宮
물물염래무가애 物物拈來無罣碍
기간송정학두홍 幾看松亭鶴頭紅

극락당전만월용 極樂堂前滿月容
옥호금색조허공 玉毫金色照虛空
약인일념칭명호 若人一念稱名號
경각원성무량공 頃刻圓成無量功

삼계유여급정륜 三界猶如汲井輪
백천만겁역미진 百千萬劫歷微塵
차신불향금생도 此身不向今生度
갱대하생도차신 更待何生度此身

천상천하무여불 天上天下無如佛
시방세계역무비 十方世界亦無比
세간소유아진견 世間所有我盡見
일체무유여불자 一切無有如佛者

찰진심념가수지 刹塵心念可數知
대해중수가음진 大海中水可飮盡
허공가량풍가계 虛空可量風可繫
무능진설불공덕 無能盡說佛功德

보화비진요망연 報化非眞了妄緣
법신청정광무변 法身淸淨廣無邊
천강유수천강월 千江有水千江月
만리무운만리천 萬里無雲萬里天

사대각리여몽중 四大各離如夢中　육진심식본래공 六塵心識本來空　욕식불조회광처 欲識佛祖回光處　일락서산월출동 一落西山月出東

산당정야좌무언 山堂靜夜坐無言　적적요요본자연 寂寂寥寥本自然　하사서풍동림야 何事西風動林野　일성한안여장천 一聲寒鴈唳長天

원각산중생일수 圓覺山中生一樹　개화천지미분전 開化天地未分前　비청비백역비흑 非青非白亦非黑　부재춘풍부재천 不在春風不在天

천척사륜직하수 千尺絲綸直下垂　일파자동만파수 一波自動萬波隨　야정수한어불식 夜靜水寒魚不食　만선공재월명귀 滿船空載月明歸

십념왕생원 十念往生願　왕생극락원 往生極樂願　상품상생원 上品上生願　광도중생원 廣度衆生願

원공법계제중생 願共法界諸衆生　동입미타대원해 同入彌陀大願海　진미래제도중생 盡未來際度衆生　자타일시성불도 自他一時成佛道

나무서방정토 南無西方淨土　극락세계 極樂世界　삼십육만억 三十六萬億　일십일만 一十一萬　구천오백 九千五百　동명동호 同名同號　대자대비 大慈大悲　아 阿

미타불 彌陀佛　나무서방정토 南無西方淨土　극락세계 極樂世界　불신장광 佛身長廣　상호무변 相好無邊　금색광명 金色光明　변조법계 遍照法界　사십팔원 四十八願

도탈중생 불가설 불가설전 항하사 불찰미진수 도마죽위 무한극수 삼백
度脫衆生 不可說 不可說轉 恒河沙 佛刹微塵數 稻麻竹葦 無限極數 三百

육십만억 일십일만 구천오백 동명동호 대자대비 아등도사 금색여래 아미타불
六十萬億 一十一萬 九千五百 同名同號 大慈大悲 我等導師 金色如來 阿彌陀佛

나무문수보살
南無文殊菩薩

나무보현보살
南無普賢菩薩

나무대세지보살
南無大勢至菩薩

나무관세음보살
南無觀世音菩薩

나무미륵보살
南無彌勒菩薩

나무지장보살
南無地藏菩薩

나무금강장보살
南無金剛藏菩薩

나무제장애보살
南無除障碍菩薩

원공법계제중생
願共法界諸衆生

동입미타대원해
同入彌陀大願海

나무일체청정대해중보살마하살
南無一切清淨大海衆菩薩摩訶薩

발원게(發願偈)

시방삼세불
十方三世佛

아미타제일
阿彌陀第一

구품도중생
九品度衆生

위덕무궁극
威德無窮極

아금대귀의
我今大歸依

참회삼업죄
懺悔三業罪

범유제복선
凡有諸福善

지심용회향
至心用回向

원동염불인　진생극락국　견불요생사　여불도일체
願同念佛人　盡生極樂國　見佛了生死　如佛度一切

왕생게(往生偈)
원아임욕명종시　진제일체제제장애　면견피불아미타　즉득왕생안락찰
願我臨欲命終時　盡除一切諸障礙　面見彼佛阿彌陀　卽得往生安樂刹

공덕게(功德偈)
동견무량수　개공성불도
同見無量壽　皆空成佛道

원이차공덕　보급어일체　아등여중생　당생극락국
願以此功德　普及於一切　我等與衆生　當生極樂國

以上　觀音施食　終

※ 시식을 관음시식으로 거행한 것이라면, 이어서 회향편을 거행한다.

공성회향편　第二十九　⇨　p.一九九.

● 설주이운(說主移運)

강생게(降生偈)

자강왕궁시본연　주행칠보우중선　지천지지무인회　독진뇌음변대천

纏降王宮示本緣　周行七步又重宣　指天指地無人會　獨振雷音徧大千

입산게(入山偈)

세존당입설산중　일좌부지경육년　인견명성운오도　언전소식변삼천

世尊當入雪山中　一坐不知經六年　因見明星云悟道　言詮消息徧三千

법신게(法身偈)

법신변만백억계　보방금색조인천　응물현형담저월　체원정좌보련대

法身遍滿百億界　普放金色照人天　應物現形潭底月　體圓正坐寶蓮臺

헌좌게(獻座偈)

아금경설보엄좌　봉헌제대법사전　원멸진로망상심　속원해탈보리과

我今敬設寶嚴座　奉獻諸大法師前　願滅塵勞妄相心　速圓解脫菩提果

헌좌진언

獻座眞言

옴 가마라 승하 사바하 (三遍)

다게 (茶偈)

금장감로다　봉헌법사전　감찰건간심
今將甘露茶　奉獻法師前　鑑察虔懇心

원수애납수
願垂哀納受

원수자비애납수
願垂慈悲哀納受

출산게 (出山偈)

외외낙락정나나
鬼鬼落落淨裸裸

독보건곤수반아　약야산중봉자기　기장황엽하산하
獨步乾坤誰伴我　若也山中逢子期　豈將黃葉下山下

염화게 (拈華偈)

영축염화시상기　긍동부목접맹귀　음광불시미미소　무한청풍부여수
靈鷲拈華示上機　肯同浮木接盲龜　飲光不是微微笑　無限淸風付與誰

산화락 (三說)

散花落

거영산 (擧靈山)

(거령산 요잡 서서운보 입정문 삼잡 법중 각취위 인도 견기지악 등상게
擧靈山 繞匝 徐徐運步 入正門 三匝 法衆 各就位 引導 見機止樂 登床偈)

나무 **영산회상 불보살** (三說)
南無　靈山會上　佛菩薩

※ 거영산(擧靈山)를 짓소리로 거행할 경우 세 번째는 다음과 같이 하여 창화한다.

(나무 **영산회상 일체제불제대보살마하살**)
(南無　靈山會上　一切諸佛諸大菩薩摩訶薩)

등상게(登床偈)

사자좌고광　인중사자등
獅子座高廣　人中獅子登

정명신력재　방장기다승
淨名神力在　方丈幾多昇

좌불게(坐佛偈)

세존좌도량　청정대광명
世尊坐道場　清淨大光明

비여천일출　조요대천계
比如千日出　照曜大千界

以上　說主移運　終

정대게(頂戴偈)

제목미창경겁수 題目未唱傾劍樹　　**비양일구절도산** 非揚一句折刀山

운심소진천생업 運心消盡千生業　　**하황염래정대인** 何況拈來頂戴人

개경게(開經偈)

무상심심미묘법 無上甚深微妙法　　**백천만겁난조우** 百千萬劫難遭遇

아금문견득수지 我今聞見得受持　　**원해여래진실의** 願解如來眞實義

개법장진언 開法藏眞言

옴 아라남 아라다 (三遍)

십념(十念)

청정법신비로자나불 淸淨法身毘盧遮那佛　　**원만보신노사나불** 圓滿報身盧舍那佛　　**천백억화신석가모니불** 千百億化身釋迦牟尼佛

구품도사아미타불 九品導師阿彌陀佛　　**당래하생미륵존불** 當來下生彌勒尊佛　　**시방삼세일체제불** 十方三世一切諸佛

시방삼세일체존법 十方三世一切尊法　　**대지문수사리보살** 大智文殊師利菩薩　　**대행보현보살** 大行普賢菩薩

대비관세음보살　대원본존지장보살　제존보살마하살

大悲觀世音菩薩　大願本尊地藏菩薩　諸尊菩薩摩訶薩

마하반야바라밀

摩訶般若波羅蜜

※ 약례 시 십념(十念)을 마친 후 거량(擧揚)을 생략하고 바로 청법게(請法偈)를 거행한다.

거량(擧揚)

거 사바세계 남섬부주 동양 대한민국 모처 모산하 모사 청정수월도량

據 裟婆世界 南贍部洲 東洋 大韓民國 某處 某山下 某寺 淸淨水月道場

원아금차 지극지성 ○○재시 청법재자 모처거주 모인복위 모인영가 재당 ○○재

願我今此 至極至誠 ○○齋時 請法齋者 某處居住 某人伏爲 某人靈駕 齋堂 ○○齋

지신 모인영가복위 위주 상세선망부모 다생사장 누세종친 제형숙백 자매질손

至信 某人靈駕伏爲 爲主 上世先亡父母 多生師長 累世宗親 弟兄叔伯 姉妹姪孫

일체친속등 각열위열명영가 내지 철위산간 오무간지옥 일일일야 만사만생 만

一切親屬等 各列位列名靈駕 乃至 鐵圍山間 五無間地獄 一日一夜 萬死萬生 萬

반고통 수고함령등중 각열위영가 차도량내외 동상동하 일체유주무주고혼 제

般苦痛 受苦含靈等衆 各列位靈駕 此道場內外 洞上洞下 一切有主無主孤魂 諸

불자등 각각열위열명영가

佛者等 各各列位列名靈駕

아유일권경 불인지묵성 전개무일자 상방대광명 영가 환회득 차일권경마 (양구)
我有一卷經 不因紙墨成 展開無一字 常放大光明 靈駕 還會得 此一卷經摩 (良久)

여미회득 위여선양 대방광불 대장경 지심제청 지심제수
如未會得 爲汝宣揚 大方廣佛 大藏經 至心諦聽 至心諦受

※ 대방광불 대장경의 무주는 설(說)할 경전에 따라 내용을 달리한다. 예) 일ㅅ원고 대방광불화엄경 /
대승실교 묘법연화경 / 대승시교 금강반야바라밀경 등등.

수위안좌진언
受位安座眞言
옴 마니 군다니 훔훔 사바하 (三遍)

금일 소천 모인영가등 제불자 각열위열명영가
今日 所薦 某人靈駕等 諸佛子 各列位列名靈駕

봉청 경청
奉請 敬聽

청법게 (請法偈)

차경심심의 대중심갈앙 유원대법사 광위중생설
此經甚深意 大衆心渴仰 唯願大法師 廣爲衆生說

위여선양승회의 爲汝宣揚勝會儀

설법게(說法偈)

아난창설위신기 阿難創設爲神飢

약비양무중진설 若非梁武重陳設

귀취하연득편의 鬼趣何緣得便宜

〈 법 문 〉

(법문 마치고 나면)

나무서방대교주 南無西方大教主

무량수여래불 無量壽如來佛

「나무아미타불」 南無阿彌陀佛 (十念)

원공법계제중생 願共法界諸衆生

동입미타대원해 同入彌陀大願海

진미래제도중생 盡未來際度衆生

자타일시성불도 自他一時成佛道

원이차공덕 願以此功德

보급어일체 普及於一切

아등여중생 我等與衆生

당생극락국 當生極樂國

동견무량수 同見無量壽

개공성불도 皆空成佛道

보궐진언 補闕眞言

옴 호로호로 사야 몰케 사바하 (三遍)

수경게(收經偈)

문경개오의초연 聞經開悟意超然 연처분명중구선 演處分明眾口宣 취사유래원부동 取捨由來元不動 방지월락불리천 方知月落不離天

사무량게 (四無量偈)

대자대비민중생 大慈大悲愍眾生 대희대사제함식 大喜大捨濟含識 상호광명이자엄 相好光明以自嚴 중등지심귀명례 眾等至心歸命禮

귀명게 (歸命偈)

시방진귀명 十方盡歸命 멸죄생정신 滅罪生淨信 원생화장계 願生華藏界 극락정토중 極樂淨土中

以上 說法儀式 終

부록(附錄)

○ 예수천왕통의(預修薦王通儀)

○ 예수재분단규식(預修齋分壇規式)

○ 예수재 위목(豫修齋 位目)

○ 월덕방위지법(月德方位知法)

○ 십이생상속(十二生相續)

○ 시왕원불 속갑(十王願佛 屬甲)

○ 불설예수시왕생칠경(佛說預修十王生七經)

○ 불설수생경(佛說壽生經)

■ 예수천왕통의 (預修薦王通儀)

藏六庵 六和撰
장육암 육화찬

冥道傳云 游沙大國 有王名曰瓶沙 時歲十五 卽登寶位 二十五年間 設預修十王
명도전운 유사대국 유왕명왈병사 시세십오 즉등보위 이십오년간 설예수시왕

生七齋 四十九度 備諸供具 無不淨嚴 泊于甲子 十二月初八日 庚申夜半 忽有冥
생칠재 사십구도 비제공구 무불정엄 계우갑자 십이월초팔일 경신야반 홀유명

道使者 着靑衣一人 着黃衣九人 來入王宮 喚王名字 是時 王驚亂失志 無所逃遁
도사자 착청의일인 착황의구인 내입왕궁 환왕명자 시시 왕경란실지 무소도둔

冥使九人 把定依法 將去時 路有一白山 草木不生 狀如雪嶽 大王甚異之 問其故
명사구인 파정의법 장거시 노유일백산 초목불생 상여설악 대왕심이지 문기고

冥使 答言 此是南閻浮提世界人民 設預修十王齋者 或爲師僧父母 兄弟姉妹 死
명사 답언 차시남염부제세계인민 설예수시왕재자 혹위사승부모 형제자매 사

亡之日 爲設冥王齋 資助亡靈福報者 不擇破錢 不依造錢法 獻納冥王 王不受用
망지일 위설명왕재 자조망령복보자 불택파전 불의조전법 헌납명왕 왕불수용

拖弃此處 積聚成山而已矣 大王聞已 次復前行 詣於冥間 顧視左右 有無數鬼衆
타기차처 적취성산이이의 대왕문이 차부전행 예어명간 고시좌우 유무수귀중

或牙如劍樹 口似血盆 三目四目等 百千形狀 見則失膽 不可忍見 鬼卒執大王囚

獄 大王白冥司言 我卽位已來 以正法治國 不行惡業 唯行善業 何罪所致 遇此苦

報 高聲大叫 冥司答言 大王 以誠心供養十王 四十九度 我等十王 何敢背恩從

官眷屬 不得大王供養 俠心狩歸 令大王 致其患耳 大王白言 從官名目 世上無本

凡夫不知不請 非獨罪人過失 唯願冥司 哀愍衆生 具錄名目 許受罪人 迴歸本國

流傳于世 廣度群迷 或復罪人 更備前規 并列從官眷屬 一一供養 一一禮拜 勿生

容易 瀝心洗腸 卒命爲期 尊重恭敬 冥司如大王 所願目錄 廣傳于世 警悟迷人

遞相傳受 依法修齋 免冥司苦 大王倍加精進 修行十善 御位百年 豐嚴供養 謹按

科儀 一一召請 依預修經 三旬兩供 百年已滿 臨欲終時 入於禪定 神昇兜卒面

見大聖 親聞法要 證須陁洹果 大王所 授目錄二百五十九位 具錄于后 地藏大聖

爲首 六大天曹 道明無毒 六大天王 冥府十王 二十六判官 三元將軍 善惡二簿童
위수 육대천조 도명무독 육대천왕 명부시왕 이십육판관 삼원장군 선악이부동

子 三十七鬼王 監齋直府 護法淨神 土地靈官 已上九十七位 十王各陪從官 一百
자 삼십칠귀왕 감재직부 호법정신 토지영관 이상구십칠위 시왕각배종관 일백

六十二位 都計二百五十九位 私云從官者 其實一百六十四位 添出者 自追魂使者
육십이위 도계이백오십구위 사운종관자 기실일백육십사위 첨출자 자추혼사자

至一切使者 爲十一位 則都計二百七十二位 一本云 冥司曰 王陪三色從官 何以
지일체사자 위십일위 즉도계이백칠십이위 일본운 명사왈 왕배삼색종관 하이

不辨供養 大王曰 願授三色從官名目 還送本國 更設供養 冥司曰 從官列名 見闇
불변공양 대왕왈 원수삼색종관명목 환송본국 경설공양 명사왈 종관열명 견암

羅王受記經 放送 王還生本國 一朔一度供養 居王位一百二十五年 云云 私曰 大
라왕수기경 방송 왕환생본국 일삭일도공양 거왕위일백이십오년 운운 사왈 대

藏別無闇羅王授記經 唯有預修經一卷 此經本無十王眷屬名目 開板者 添入瓶沙
장별무염라왕수기경 유유예수경일권 차경본무시왕권속명목 개판자 첨입병사

王所授來名目耳
왕소수래명목이

■ 예수재분단규식(預修齋分壇規式)

상단

일 一。 三身佛 爲上壇
삼신불 위상단

이 二。 自地藏 至道明無毒 爲中壇
지장 지도명무독 위중단

삼 三。 梵王帝釋四大天王 爲下壇 (此三壇 爲證明壇也)
범왕제석사대천왕 위하단 (차삼단 위증명단야)

중단

일 一。 十王 爲中上壇
시왕 위중상단

이 二。 自夏判官 至靈祇等 爲中壇 其餘位 皆爲下壇也
자하판관 지영기등 위중단 기여위 개위하단야

하단

又置曹官壇 使者壇
우치조관단 사자단

並爲八壇 設壇排置 相去五寸 爲准也 自上壇至下壇
병위팔단 설단배치 상거오촌 위준야 자상단지하단

次擧佛 后宣疏 使者壇 排置西邊
차거불 후선소 사자단 배치서변

■ 예수재 위목(豫修齋 位目)

一。 상단-증명단 3단

상상단

南無 圓滿報身 盧舍那佛
나무 원만보신 노사나불

南無 淸淨法身 毘盧遮那佛
나무 청정법신 비로자나불

南無 千百億化身 釋迦牟尼佛
나무 천백억화신 석가모니불

상중단

南無 大悲僞本 廣渡衆生 六光菩薩
나무 대비위본 광도중생 육광보살

南無 助陽眞化 道明尊者
나무 조양진화 도명존자

南無 大願本尊 地藏菩薩
나무 대원본존 지장보살

南無 助佛揚化 無毒鬼王
나무 조불양화 무독귀왕

南無 六般神化 同時濟物 六大天曹
나무 육반신화 동시제물 육대천조

※ 六光菩薩(육광보살)

南無 大願本尊地藏菩薩
나무 대원본존지장보살

南無 龍樹菩薩
나무 용수보살

南無 觀世音菩薩
나무 관세음보살

南無 常悲菩薩
나무 상비보살

南無 陀羅尼菩薩
나무 다라니보살

南無 金剛藏菩薩
나무 금강장보살

※ 六大天曹(육대천조)

南無毘盧遮那化身天曹
나무비로자나화신천조

南無盧舍那應身天曹
나무노사나응신천조

南無毘盧遮那法身天曹
나무비로자나법신천조

南無大智盧舍那化身天曹
나무대지노사나화신천조

南無彌勒化身泰山府君天曹
나무미륵화신태산부군천조

南無南方老人地藏化身天曹
나무남방노인지장화신천조

상하단

奉請 理世英雄 大功爭奪 帝釋天王
봉청 이세영웅 대공쟁탈 제석천왕

奉請 明察陰陽 善惡因果 大梵天王
봉청 명찰음양 선악인과 대범천왕

奉請
봉청 公正紀綱 護法利物 四大天王
공정기강 호법이물 사대천왕

二。 증단

증상단

奉請
봉청 彈指滅火第九都市大王並從眷屬
탄지멸화제구도시대왕병종권속

奉請
봉청 收錄善案第七泰山大王並從眷屬
수록선안제칠태산대왕병종권속

奉請
봉청 當得作佛第五閻羅大王並從眷屬
당득작불제오염라대왕병종권속

奉請
봉청 隨意往生第三宋帝大王並從眷屬
수의왕생제삼송제대왕병종권속

奉請
봉청 不違本誓第一泰光大王並從眷屬
불위본서제일진광대왕병종권속

奉請
봉청 **酆都大帝 下元地官 十方法界 地府一切聖衆**
풍도대제 하원지관 시방법계 지부일체성중

奉請
봉청 植本慈心第二初江大王並從眷屬
식본자심제이초강대왕병종권속

245 부록

奉請 秤量業因第四五官大王並從眷屬
봉청 칭량업인제사오관대왕병종권속

奉請 斷分出獄第六變成大王並從眷屬
봉청 단분출옥제육변성대왕병종권속

奉請 不錯絲毫第八平等大王並從眷屬
봉청 불착사호제팔평등대왕병종권속

奉請 勸成佛道第十五道轉輪大王並從眷屬
봉청 권성불도제십오도전륜대왕병종권속

증증단

奉請 職居總帥 分符別化 泰山府君等衆
봉청 직거총수 분부별화 태산부군등중

奉請 決判無私 二十四案 諸位判官等衆
봉청 결판무사 이십사안 제위판관등중

奉請 位號分明 迦延等 二十九諸王等衆
봉청 위호분명 가연등 이십구제왕등중

증하단

奉請 廣度群述 恒加禁火惡毒等 諸大鬼王等衆
봉청 광도군미 항가금화악독등 제대귀왕등중

奉請 敬巡都銃 五道大神 將軍童子等衆
봉청 경순도통 오도대신 장군동자등중

奉請 力助冥王 從官使者 諸位靈宰等衆
봉청 역조명왕 종관사자 제위영재등중

三。하단 - 사자단、조판단

사자단

奉請 年直四天使者
봉청 년직사천사자

奉請 月直空行使者
봉청 월직공행사자

奉請 日直地行使者
봉청 일직지행사자

奉請 時直琰魔使者
봉청 시직염마사자

혹은

奉請 各府使者等衆
봉청 각부사자등중

고사단

奉請 眞妄是悲本命元身列局第諸庫曹官司軍等衆

봉청 진망시비본명원신열구제제고조관사군등중

마구단

奉請 雲馬駱駝十四等衆

봉청 운마낙타십필등중

○ 月德方位(월덕방위)

(음력 기준)

正月(寅)、五月(午)、九月(戌) ── 丙方
정월(인)、 오월(오)、 구월(술)　　　병방

二月(卯)、六月(未)、十月(亥) ── 甲方
이월(묘)、 육월(미)、 시월(해)　　　갑방

三月(辰)、七月(申)、十一月(子) ── 壬方
삼월(진)、 칠월(신)、 십일월(자)　　　임방

四月(巳)、八月(酉)、十二月(丑) ── 庚方
사월(사)、 팔월(유)、 십이월(축)　　　경방

※ 양지(楊枝) 스물한 가지로 발을 만들어 그 위에 점안하고자 하는 지전을 쌓아 올린다. 쇄수(灑水)할 물은 월덕방위에서 길어 와 증명상에 준비하며, 금은전점안 시 거행되는 진언은 백팔편씩 지송한다.

월덕방위지법도

북

癸 子 壬 亥 乾 戌

艮
寅

辛

甲 酉
庚 申
坤 西

동
卯
乙
辰
巽
巳
丙
午
丁
未

3월 7월 11월
북쪽과 서북쪽 사이

2월 6월 10월
동쪽과 동남쪽 사이

4월 8월 12월
서쪽과 서남쪽 사이

남쪽과 동남쪽 사이
1월 5월 9월

■ 십이생상속 (十二生相續)

간지(干支)	흠전(欠錢)	간경(看經)	납고(納庫)	조관(曹官)
○ 子生相				
甲子生 (갑자생)	欠錢五萬三千貫 (흠전오만삼천관)	看經十七卷 (간경십칠권)	納第三庫 (납제삼고)	元曹官 (원조관)
丙子生 (병자생)	欠錢七萬三千貫 (흠전칠만삼천관)	看經二十四卷 (간경이십사권)	納第九庫 (납제구고)	王曹官 (왕조관)
戊子生 (무자생)	欠錢六萬三千貫 (흠전육만삼천관)	看經二十一卷 (간경이십일권)	納第六庫 (납제육고)	尹曹官 (윤조관)
庚子生 (경자생)	欠錢十一萬貫 (흠전십일만관)	看經三十五卷 (간경삼십오권)	納第九庫 (납제구고)	李曹官 (리조관)
壬子生 (임자생)	欠錢七萬貫 (흠전칠만관)	看經二十二卷 (간경이십이권)	納第三庫 (납제삼고)	孟曹官 (맹조관)
○ 丑生相				
乙丑生 (을축생)	欠錢二十八萬貫 (흠전이십팔만관)	看經九十四卷 (간경구십사권)	納第十五庫 (납제십오고)	田曹官 (전조관)

丁丑生 정축생
欠錢四萬二千貫 흠전사만이천관
看經二十五卷 간경이십오권
納第三庫 납제삼고
崔曹官 최조관

癸丑生 계축생
欠錢二萬七千貫 흠전이만칠천관
看經一十卷 간경일십권
納第八庫 납제팔고
習曹官 습조관

辛丑生 신축생
欠錢十一萬貫 흠전십일만관
看經三十六卷 간경삼십육권
納第十八庫 납제십팔고
吉曹官 길조관

己丑生 기축생
欠錢八萬貫 흠전팔만관
看經二十五卷 간경이십오권
納第七庫 납제칠고
周曹官 주조관

○寅生相

丙寅生 병인생
欠錢八萬貫 흠전팔만관
看經二十六卷 간경이십육권
納第十庫 납제십고
馬曹官 마조관

戊寅生 무인생
欠錢六萬貫 흠전육만관
看經二十卷 간경이십권
納第十一庫 납제십일고
郭曹官 곽조관

庚寅生 경인생
欠錢五萬一千貫 흠전오만일천관
看經二十八卷 간경이십팔권
納第十五庫 납제십오고
毛曹官 모조관

壬寅生 임인생
欠錢九萬六千貫 흠전구만육천관
看經二十二卷 간경이십이권
納第十三庫 납제십삼고
崔曹官 최조관

甲寅生 잡인생
欠錢三萬三千貫 흠전삼만삼천관
看經十一卷 간경십일권
納第十三庫 납제십삼고
杜曹官 두조관

○卯生相

丁卯生 (정묘생) 欠錢二萬三千貫 (흠전이만삼천관) 看經九卷 (간경구권) 納第十一庫 (납제십일고) 許曹官 (허조관)

辛卯生 (신묘생) 欠錢八萬貫 (흠전팔만관) 看經二十六卷 (간경이십육권) 納第四庫 (납제사고) 張曹官 (장조관)

癸卯生 (계묘생) 欠錢一萬二千貫 (흠전일만이천관) 看經八卷 (간경팔권) 納第二十庫 (납제이십고) 王曹官 (왕조관)

乙卯生 (을묘생) 欠錢八萬貫 (흠전팔만관) 看經二十六卷 (간경이십육권) 納第十八庫 (납제십팔고) 柳曹官 (유조관)

己卯生 (기묘생) 欠錢八萬貫 (흠전팔만관) 看經二十五卷 (간경이십오권) 納第二十六庫 (납제이십육고) 宋曹官 (송조관)

○辰生相

甲辰生 (갑진생) 欠錢二萬九千貫 (흠전이만구천관) 看經一十卷 (간경일십권) 納第十九庫 (납제십구고) 董曹官 (동조관)

丙辰生 (병진생) 欠錢三萬二千貫 (흠전삼만이천관) 看經二十一卷 (간경일십일권) 納第三十五庫 (납제삼십오고) 賈曹官 (가조관)

戊辰生 (무진생) 欠錢五萬二千貫 (흠전오만이천관) 看經十八卷 (간경십팔권) 納第十四庫 (납제십사고) 馬曹官 (마조관)

庚辰生 경진생　欠錢五萬七千貫 흠전오만칠천관　看經十九卷 간경십구권　納第二十四庫 납제이십사고　劉曹官 유조관

壬辰生 임진생　欠錢四萬五千貫 흠전사만오천관　看經十五卷 간경십오권　納第一庫 납제일고　趙曹官 조조관

○巳生相

乙巳生 을사생　欠錢九萬貫 흠전구만관　看經三十卷 간경삼십권　納第二十一庫 납제이십일고　楊曹官 양조관

丁巳生 정사생　欠錢七萬貫 흠전칠만관　看經二十三卷 간경이십삼권　納第十六庫 납제십육고　程曹官 정조관

己巳生 기사생　欠錢七萬二千貫 흠전칠만이천관　看經二十四卷 간경이십사권　納第三十一庫 납제삼십일고　曹曹官 조조관

辛巳生 신사생　欠錢五萬七千貫 흠전오만칠천관　看經十九卷 간경십구권　納第三十七庫 납제삼십칠고　高曹官 고조관

癸巳生 계사생　欠錢三萬九千貫 흠전삼만구천관　看經十三卷 간경십삼권　納第五十庫 납제오십고　裴曹官 배조관

○午生相

甲午生 갑오생　欠錢四萬貫 흠전사만관　看經十三卷 간경십삼권　納第二十一庫 납제이십일고　牛曹官 우조관

丙午生 병오생　欠錢三萬三千貫 흠전삼만삼천관　看經十二卷 간경십이권　納第六十庫 납제육십고　肅曹官 숙조관

戊午生 무오생　欠錢九萬貫 흠전구만관　看經三十卷 간경삼십권　納第三十九庫 납제삼십구고　史曹官 사조관

壬午生 임오생　欠錢七萬貫 흠전칠만관　看經二十三卷 간경이십삼권　納第四十四庫 납제사십사고　孔曹官 공조관

庚午生 경오생　欠錢六萬二千貫 흠전육만이천관　看經二十一卷 간경이십일권　納第四十三庫 납제사십삼고　陳曹官 진조관

○未生相

己未生 기미생　欠錢四萬三千貫 흠전사만삼천관　看經十五卷 간경십오권　納第五庫 납제오고　下曹官 변조관

丁未生 정미생　欠錢九萬一千貫 흠전구만일천관　看經二十九卷 간경이십구권　納第五十二庫 납제오십이고　朱曹官 주조관

辛未生 신미생　欠錢一萬二千貫 흠전일만이천관　看經三十二卷 간경삼십이권　納第五十九庫 납제오십구고　常曹官 상조관

乙未生 을미생　欠錢四萬貫 흠전사만관　看經十三卷 간경십삼권　納第五十一庫 납제오십일고　皇曹官 황조관

癸未生 계미생　欠錢五萬二千貫 흠전오만이천관　看經十七卷 간경십칠권　納第四十九庫 납제사십구고　朱曹官 주조관

○申生相

甲申生 (갑신생)
欠錢七萬貫 (흠전칠만관) / 看經二十三卷 (간경이십삼권) / 納第五十六庫 (납제오십육고) / 呂曹官 (여조관)

丙申生 (병신생)
欠錢三萬三千貫 (흠전삼만삼천관) / 看經十一卷 (간경십일권) / 納第五十七庫 (납제오십칠고) / 何曹官 (하조관)

戊申生 (무신생)
欠錢八萬貫 (흠전팔만관) / 看經三十六卷 (간경삼십육권) / 納第五十八庫 (납제오십팔고) / 柴曹官 (시조관)

庚申生 (경신생)
欠錢六萬一千貫 (흠전육만일천관) / 看經二十一卷 (간경이십일권) / 納第四十二庫 (납제사십이고) / 胡曹官 (호조관)

壬申生 (임신생)
欠錢四萬二千貫 (흠전사만이천관) / 看經十四卷 (간경십사권) / 納第四十九庫 (납제사십구고) / 苗曹官 (묘조관)

○酉生相

乙酉生 (을유생)
欠錢四萬貫 (흠전사만관) / 看經二十四卷 (간경이십사권) / 納第二庫 (납제이고) / 安曹官 (안조관)

己酉生 (기유생)
欠錢九萬貫 (흠전구만관) / 看經二十九卷 (간경이십구권) / 納第二十二庫 (납제이십이고) / 孫曹官 (손조관)

辛酉生 (신유생)
欠錢三萬七千貫 (흠전삼만칠천관) / 看經十三卷 (간경십삼권) / 納第十五庫 (납제십오고) / 丁曹官 (정조관)

癸酉生 계유생
欠錢五萬貫 흠전오만관
看經一十六卷 간경일십육권
納第十二庫 납제십이고
由曹官 유조관

丁酉生 정유생
欠錢十七萬貫 흠전십칠만관
看經四十八卷 간경사십팔권
納第二十九庫 납제이십구고
閔曹官 민조관

○ 戌生相

甲戌生 갑술생
欠錢二萬五千貫 흠전이만오천관
看經九卷 간경구권
納第二十七庫 납제이십칠고
幷曹官 병조관

戊戌生 무술생
欠錢四萬二千貫 흠전사만이천관
看經十四卷 간경십사권
納第三十六庫 납제삼십육고
普曹官 보조관

庚戌生 경술생
欠錢十一萬貫 흠전십일만관
看經三十五卷 간경삼십오권
納第二庫 납제이고
辛曹官 신조관

壬戌生 임술생
欠錢七萬二千貫 흠전칠만이천관
看經二十五卷 간경이십오권
納第四庫 납제사고
彭曹官 팽조관

丙戌生 병술생
欠錢八萬貫 흠전팔만관
看經二十五卷 간경이십오권
納第三庫 납제삼고
左曹官 좌조관

○ 亥生相

乙亥生 을해생
欠錢四萬八千貫 흠전사만팔천관
看經十六卷 간경십육권
納第四十二庫 납제사십이고
成曹官 성조관

己亥生（기해생）

欠錢七萬二千貫（흠전칠만이천관）

看經二十五卷（간경이십오권）

納第五十庫（납제오십고）

丁曹官（정조관）

辛亥生（신해생）

欠錢十萬一千貫（흠전십만일천관）

看經三十五卷（간경삼십오권）

納第四十庫（납제사십고）

石曹官（석조관）

癸亥生（계해생）

欠錢七萬五千貫（흠전칠만오천관）

看經二十四卷（간경이십사권）

納第四十三庫（납제사십삼고）

仇曹官（구조관）

丁亥生（정해생）

欠錢三萬九千貫（흠전삼만구천관）

看經十三卷（간경십삼권）

納第四十庫（납제사십고）

吉曹官（길조관）

258

■ 시왕원불 속갑 (十王願佛 屬甲)

十齋日	十王願佛	十王名號	十王誕日	屬地獄	屬甲
一日 (일일)	定光佛 (정광불)	秦廣大王 (진광대왕)	二月一日 (이월일일)	刀山地獄 (도산지옥)	庚午(경오) 辛未(신미) 壬申(임신) 癸酉(계유) 甲戌(갑술) 乙亥(을해)
八日 (팔일)	藥師佛 (약사불)	初江大王 (초강대왕)	三月一日 (삼월일일)	鑊湯地獄 (확탕지옥)	戊子(무자) 己丑(기축) 庚寅(경인) 辛卯(신묘) 壬辰(임진) 癸巳(계사)
十四日 (십사일)	賢劫千佛 (현겁천불)	宋帝大王 (송제대왕)	二月廿八日 (이월이팔일)	寒氷地獄 (한빙지옥)	壬午(임오) 癸未(계미) 甲申(갑신) 乙酉(을유) 丙戌(병술) 丁亥(정해)
十五日 (십오일)	阿彌陀佛 (아미타불)	五官大王 (오관대왕)	一月八日 (일월팔일)	劍樹地獄 (검수지옥)	甲子(갑자) 乙丑(을축) 丙寅(병인) 丁卯(정묘) 戊辰(무진) 己巳(기사)
十八日 (십팔일)	地藏菩薩 (지장보살)	閻羅大王 (염라대왕)	三月八日 (삼월팔일)	拔舌地獄 (발설지옥)	庚子(경자) 辛丑(신축) 壬寅(임인) 癸卯(계묘) 甲辰(갑진) 乙巳(을사)
廿三日 (이삼일)	大勢至菩薩 (대세지보살)	變成大王 (변성대왕)	二月廿七日 (이월이칠일)	毒蛇地獄 (독사지옥)	丙子(병자) 丁丑(정축) 戊寅(무인) 己卯(기묘) 庚辰(경진) 辛巳(신사)
廿四日 (이사일)	觀世音菩薩 (관세음보살)	泰山大王 (태산대왕)	三月二日 (삼월이일)	碓磑地獄 (대애지옥)	甲午(갑오) 乙未(을미) 丙申(병신) 丁酉(정유) 戊戌(무술) 己亥(기해)
廿八日 (이팔일)	盧舍那佛 (노사나불)	平等大王 (평등대왕)	四月一日 (사월일일)	鉅解地獄 (거해지옥)	丙午(병오) 丁未(정미) 戊申(무신) 己酉(기유) 庚戌(경술) 辛亥(신해)

廿九日
이구일

藥王菩薩
약왕보살

都市大王
도시대왕

四月七日
사월칠일

鐵床地獄
철상지옥

壬子 임자　癸丑 계축　甲寅 갑인　乙卯 을묘　丙辰 병진　丁巳 정사

三十日
삼십일

釋迦牟尼佛
석가모니불

五道轉輪 〃
오도전륜

四月廿七日
사월이칠일

黑暗地獄
흑암지옥

戊午 무오　己未 기미　庚申 경신　辛酉 신유　壬戌 임술　癸亥 계해

■ 불설예수시왕생칠경 (佛說預修十王生七經)

謹啟諷閻羅王預修生七往生淨土經 誓勸有緣 以五會啟經入讚 念阿彌陀佛 成都府大聖慈寺沙門 藏川 述
근계풍염라왕예수생칠왕생정토경 서권유연 이오회계경입찬 염아미타불 성도부대성자사사문 장천 술

佛說閻羅王授記四衆逆修生七往生淨土經 讚曰
불설염라왕수기사중역수생칠왕생정토경 찬왈

如來臨般涅槃時 廣召天靈及地祇 因為琰魔王授記 乃傳生七預修儀
여래림반열반시 광소천령급지기 인위염마왕수기 내전생칠예수의

如是我聞 一時佛 在鳩尸那城 阿維跋提河邊 婆羅雙樹間 臨般涅槃時 舉身放光
여시아문 일시불 재구시나성 아유발제하변 사라쌍수간 임반열반시 거신방광

普照大衆 及諸菩薩摩訶薩 天龍神王 天王帝釋 四天大王 大梵天王 阿脩羅王 諸
보조대중 급제보살마하살 천룡신왕 천왕제석 사천대왕 대범천왕 아수라왕 제

大國王 閻羅天子 大山府君 司命司錄 五道大神 地獄官典 悉來集會 敬禮世尊
대국왕 염라천자 대산부군 사명사록 오도대신 지옥관전 실래집회 경례세존

合掌而立 讚曰
합장이립 찬왈

時佛舒光滿大千 普臻龍鬼會人天 釋梵諸天冥密衆 咸來稽首世尊前
시불서광만대천 보진용귀회인천 석범제천명밀중 함래계수세존전

佛告諸大衆 閻羅天子 於未來世 當得作佛 名曰普賢王如來 十號具足 國土嚴淨
불고제대중 염라천자 어미래세 당득작불 명왈보현왕여래 십호구족 국토엄정

百寶莊嚴 國名華嚴 菩薩充滿 讚曰
백보장엄 국명화엄 보살충만 찬왈

世尊此日記閻羅 不久當來證佛陀 莊嚴寶國常淸淨 菩薩修行衆甚多
세존차일기염라 불구당래증불타 장엄보국상청정 보살수행중심다

爾時阿難白佛言 世尊 閻羅天子 以何因緣 處斷冥間 復於此會 便得授於當來果
이시아난백불언 세존 염라천자 이하인연 처단명간 부어차회 편득수어당래과

記佛言 於彼冥途 爲諸王者 有二因緣 一是住不思議解脫不動地菩薩 爲欲攝化
기불언 어피명도 위제왕자 유이인연 일시주불사의해탈부동지보살 위욕섭화

極苦衆生 示現作彼琰魔等王 二爲多生習善犯戒故 退落琰魔天中 作大魔王 管攝
극고중생 시현작피염마등왕 이위다생습선범계고 퇴락염마천중 작대마왕 관섭

諸鬼 科斷閻浮提內 十惡五逆 一切罪人 繫閉牢獄 日夜受苦 輪轉其中 隨業報身
제귀 과단염부제내 십악오역 일체죄인 계폐뢰옥 일야수고 윤전기중 수업보신

定生注死 今此琰魔天子 因緣已熟 是故我記 來世寶圓 證大菩提 汝等人天 不應
정생주사 금차염마천자 인연이숙 시고아기 내세보원 증대보리 여등인천 불응

疑惑 讚曰
의혹 찬왈

悲增普化示威靈 六道輪迴不暫停 敎化厭苦思安樂 故現閻羅天子形
비증보화시위령 육도윤회부잠정 교화염고사안락 고현염라천자형

若復有人 造此經 受持讀誦 捨命之後 不生三塗 不入一切諸大地獄 讚曰
약부유인 조차경 수지독송 사명지후 불생삼도 불입일체제대지옥 찬왈

若人信法不思議 書寫經文聽受持 捨命頓超三惡道 此身長免入阿鼻
약인신법불사의 서사경문청수지 사명돈초삼악도 차신장면입아비

在生之日 殺父害母 破齋破戒 殺豬牛羊雞狗毒蛇 一切重罪 應入地獄 十劫五劫
재생지일 살부해모 파제파계 살저우양계구독사 일체중죄 응입지옥 십겁오겁

若造此經 及諸尊像 記在業鏡 閻王歡喜 判放其人 生富貴家 免其罪過讚曰
약조차경 급제존상 기재업경 염왕환희 판방기인 생부귀가 면기죄과찬왈

破齋毀戒殺雞豬 業鏡照然報不虛 若造此經兼畫像 閻王判放罪銷除
파제훼계살계저 업경조연보불허 약조차경겸화상 염왕판방죄소제

若有善男子善女人 比丘比丘尼 優婆塞優婆夷 預修生七齋者 每月二時 供養三寶
약유선남자선여인 비구비구니 우바새우바이 예수생칠재자 매월이시 공양삼보

祈設十王 修名納狀 奏上六曹 善業童子 奏上天曹地府官等 記在名案 身到之日
기설시왕 수명납상 주상육조 선업동자 주상천조지부관등 기재명안 신도지일

便得配生快樂之處 不住中陰四十九日 不待男女追救 命過十王 若闕一齋 滯在一
편득배생쾌락지처 부주중음사십구일 부대남녀추구 명과시왕 약궐일제 체재일

王留連受苦 不得出生 遲滯一年 是故勸汝 作此要事 祈往生報讚曰
왕유연수고 부득출생 지체일년 시고권여 작차요사 기왕생보찬왈

四衆修齋及有時 三旬兩供是常儀 莫使闕緣功德小 始交中陰滯冥司
사중수제급유시 삼순양공시상의 막사궐연공덕소 시교중음체명사

爾時地藏菩薩　龍樹菩薩
이시지장보살　용수보살

救苦觀世音菩薩　常悲菩薩　陀羅尼菩薩　金剛藏菩薩　各
구고관세음보살　상비보살　다라니보살　금강장보살　각

各還從本道光中　至如來所　異口同聲　讚歎世尊　哀愍凡夫　說此妙法　拔死救生　頂
각환종본도광중　지여래소　이구동성　찬탄세존　애민범부　설차묘법　발사구생　정

禮佛足　讚曰
례불족　찬왈

足膝齎脣口及眉　六光菩薩運深悲
족슬재흥구급미　육광보살운심비

爾時二十八重　一切獄主閻羅天子　六道冥官　禮拜發願　若有四眾　比丘比丘尼　優
이시이십팔중　일체옥주염라천자　육도명관　예배발원　약유사중　비구비구니　우

各各同聲咸讚歎　勤勤化物莫生疲
각각동성함찬탄　근근화물막생피

婆塞優婆夷　若造此經　讀誦一偈　我當免其一切苦楚　送出地獄　住生天道　不令稽
바새우바이　약조차경　독송일게　아당면기일체고초　송출지옥　주생천도　불령계

滯隔宿受苦　讚曰
체격숙수고　찬왈

冥官注記及閻王　諸佛弘經禮讚揚　四眾有能持一偈　我皆送出往天堂
명관주기급염왕　제불홍경례찬양　사중유능지일게　아개송출왕천당

爾時閻羅天子　說偈白佛　南無阿羅訶　眾生苦業多　輪迴無定相　猶如水上波　讚曰
이시염라천자　설게백불　나무아라가　중생고업다　윤회무정상　유여수상파　찬왈

閻王白佛說伽他　愍念眾生罪苦多　六道輪迴無定相　生滅還同水上波
염왕백불설가타　민념중생죄고다　육도윤회무정상　생멸환동수상파

願得智慧風 光明照世界 普救衆生苦 四王
원득지혜풍 광명조세계 보구중생고 사왕

飄墮法輪河 巡歷悉經過 降伏攝諸魔
표타법륜하 순력실경과 강복섭제마

行國界 傳佛修多羅 讚曰
행국계 전불수다라 찬왈

願佛興揚智慧風 護世四王同發願
원불흥양지혜풍 호세사왕동발원

飄歸法海洗塵朦 常傳經典廣流通
표귀법해세진몽 상전경전광유통

凡夫修善小 持經免地獄 超度三界難 生處
범부수선소 지경면지옥 초도삼계난 생처

顚倒信邪多 書寫免災痾 永不見藥叉
전도신사다 서사면재아 영불견약차

登高位 富貴壽延遲 讚曰
등고위 부귀수연하 찬왈

惡業凡夫善力微 信邪倒見入阿鼻
악업범부선력미 신사도견입아비

欲求富樂家長命 書寫經文聽受持
욕구부악가장명 서사경문청수지

至心誦此經 欲得無罪咎 爲此入地獄 應當
지심송차경 욕득무죄구 위차입지옥 응당

天王恒記錄 莫殺祀神靈 念佛禮眞經
천왕항기록 막살사신령 염불례진경

自誠最 手執金剛刀 斷除魔種族 讚曰
자계우 수집금강도 단제마종족 찬왈

罪苦三塗業易成 願執金剛眞慧劍
죄고삼도업역성 원집금강진혜검

都緣殺命祭神明 斬除魔族悟無生
도연살명제신명 참제마족오무생

佛行平等心 修福似微塵 欲得命延長 能除
불행평등심 수복사미진 욕득명연장 능제

衆生不具足 造罪如山嶽 當修造此經
중생불구족 조죄여산악 당수조차경

地獄苦 往生豪貴家 善神恒守護 讚曰

罪如山嶽等恒沙 福小微塵數未多 猶得善神常守護 往生豪富信心家

造經讀誦人 忽爾謝報齡 天王恒引接 菩薩捧花迎 隨心往淨土 八百億千生 修行

滿證入 金剛三昧城 讚曰

若人奉佛造持經 菩薩臨終自往迎 淨國修行圓滿已 當來正覺入金城

爾時佛告阿難 一切龍神八部 及諸大臣 閻羅天子 大山府君 司命司錄 五道大神

地獄官等 行道天王 當起慈悲 法勿有慢 可容一切罪人 慈孝男女 修齋造福 薦拔

亡人 報生養之恩 七七修齋造像 以報父母 令得生天 讚曰

佛告閻羅諸大神 眾生罪業具難陳 應為報恩客造福 教蒙離苦出迷津

閻羅法王 白佛言 世尊 我等諸王 皆當發使乘黑馬 把黑幡 著黑衣 撿亡人家造

何功德 准名放牒
하공덕 준명방첩

抽出罪人 不違誓願 讚曰
추출죄인 불위서원 찬왈

諸王遣使撿亡人
제왕견사검망인

男女修何功德因
남녀수하공덕인

依名放出三塗獄
의명방출삼도옥

免歷冥間遭苦辛
면력명간조고신

第一七日過秦廣王 讚曰
제일칠일과진광왕 찬왈

一七亡人中陰身
일칠망인중음신

驅將隊隊數如塵
구장대대수여진

且向初王齊檢點
차향초왕제검점

由來未渡奈河津
유래미도내하진

第二七日過初江王 讚曰
제이칠일과초강왕 찬왈

二七亡人渡奈河
이칠망인도내하

千羣萬隊涉江波
천군만대섭강파

引路牛頭肩挾棒
인로우두견협봉

催行鬼卒手擎叉
최행귀졸수경차

第三七日過宋帝王 讚曰
제삼칠일과송제왕 찬왈

亡人三七轉恓惶
망인삼칠전서황

始覺冥途險路長
시각명도험로장

各各點名知所在
각각점명지소재

羣羣驅送五官王
군군구송오관왕

第四七日過五官王 讚曰
제사칠일과오관왕 찬왈

五官業秤向空懸
오관업칭향공현

左右雙童業簿全
좌우쌍동업부전

輕重豈由情所願
경중기유정소원

低昂自任昔因緣
저앙자임석인연

第五七日過閻羅王 讚曰
제오칠일과염라왕 찬왈

五七閻王息諍聲
오칠염왕식쟁성
罪人心恨未甘情
죄인심한미감정
策髮仰頭看業鏡
책발앙두간업경
始知先世事分明
시지선세사분명

第六七日過變成王 讚曰
제육칠일과변성왕 찬왈

亡人六七滯冥途
망인육칠체명도
切迫坐人執意愚
절박좌인집의우
日日只看功德力
일일지간공덕력
天堂地獄在須臾
천당지옥재수유

第七七日過大山王 讚曰
제칠칠일과대산왕 찬왈

七七冥途中陰身
칠칠명도중음신
專求父母會情親
전구부모회정친
福業此時仍未定
복업차시잉미정
更看男女造何因
경간남녀조하인

第八百日過平等王 讚曰
제팔백일과평등왕 찬왈

亡人百日更恬惶
망인백일경서황
身遭枷械被鞭傷
신조가계피편상
男女努力造功德
남녀노력조공덕
從慈妙善見天堂
종자묘선견천당

第九一年過都市王 讚曰
제구일년과도시왕 찬왈

一年過此轉苦辛
일년과차전고신
男女修齋福業因
남녀수재복업인
六道輪廻仍未定
육도윤회잉미정
造經造佛出迷津
조경조불출미진

後三所歷是開津 好惡唯憑福業因 不善尚憂千日內 胎生產死夭亡身
후삼소력시개진 호오유빙복업인 불선상우천일내 태생산사요망신

十齋具足 免十惡罪 放其生天 讚曰
십재구족 면십악죄 방기생천 찬왈

一身六道苦茫茫 十惡三塗不易當 努力修齋功德具 恒沙諸罪自銷亡
일신육도고망망 십악삼도불역당 노력수재공덕구 항사제죄자소망

我常使四藥叉王 守護此經 不令陷沒 讚曰
아상사사약차왕 수호차경 불령함몰 찬왈

閻王奉法願弘揚 普告人天眾道場 我使藥叉齊守護 不令隱沒永流行
염왕봉법원홍양 보고인천중도량 아사약차제수호 불령은몰영류행

稽首世尊獄中罪人 多是用三寶財物 喧閙受罪 識信之人 可自誡慎 勿犯三寶業
계수세존 옥중죄인 다시용삼보재물 훤료수죄 식신지인 가자계신 물범삼보업

報難容 見此經者 應當修學 讚曰
보난용 견차경자 응당수학 찬왈

欲求安乐住人天 必莫侵凌三寶錢 一落冥間諸地獄 喧喧受苦不知年
욕구안악주인천 필막침릉삼보전 일락명간제지옥 훤훤수고불지년

爾時琰魔法王 歡喜踊躍 頂禮佛足 退坐一面 佛言 此經名為閻羅王 授記四眾 預
이시염마법왕 환희용약 정례불족 퇴좌일면 불언 차경명위염라왕 수기사중 예

修生七往生淨土經 汝當流傳國界 依教奉行 讚曰
수생칠왕생정토경 여당류전국계 의교봉행 찬왈

閻王退坐一心聽　佛更慇懃囑此經　名曰預修生七教　汝兼四衆廣傳行
염왕퇴좌일심청　불경은근촉차경　명왈예수생칠교　여겸사중광전행

佛說閻羅王授記四衆　預修生七往生淨土經　普勸有緣　預修功德　發心歸佛　願息輪
불설염라왕수기사중　예수생칠왕생정토경　보권유연　예수공덕　발심귀불　원식륜

廻讚二首　第一首
회찬이수　제일수

一身危脆似風燈　二鼠侵欺嚙井藤　苦海不修橋筏度　欲憑何物得超昇
일신위취사풍등　이서침기교정등　고해불수교벌도　욕빙하물득초승

第二歸佛修心　讚曰
제이귀불수심　찬왈

船橋不造此人癡　遭險恓惶君始知　若悟百年彈指過　修齋聽法莫教遲
선교불조차인치　조험서황군시지　약오백년탄지과　수재청법막교지

佛說預修十王生七經　終
불설예수십왕생칠경　종

■ 불설수생경 (佛說壽生經)

貞觀十三年 有唐三藏法師 往西天求教 因檢大藏經 見壽生經一卷 有十二相屬

南贍部洲生下爲人 先於冥司下 各借壽生錢 有注命官祇揖人道 見今庫藏空閑 催

南贍部洲衆生交納壽生錢 阿難又問世尊 南贍部洲衆生 多有大願不能納得 佛言

道 教看金剛經壽生經 能折本命錢為祇證經力甚大 若衆生不納壽生錢 睡中驚恐

眠夢顛倒 三魂杳杳 七魄幽幽 微生空中 共亡人語話相逐攝人魂魄 滅人精神 為

欠壽生錢 若有善男子 善女人 破旁納得壽生錢 免得身邊一十八般橫災 第一遠路

陂泊內被惡人窺算之災 第二遠路風雹雨打之災 第三過江度河落水之災 第四墻倒

屋塌之災 第五火光之災 第六血光之災 第七勞病之災 第八疥癩之災 第九咽喉閉

塞之災 第十落馬傷人之災 第十一車碾之災 第十二破傷風死之災 第十三產難之

災第十四橫死之災　第十五卒中風病之災　第十六天行時氣之災　第十七投井自繫

之災　第十八官事口舌之災

災若有人不納不折壽生錢　後世為人多注貧賤　壽命不長　醜陋不堪　多饒殘疾　但

菩薩摩訶薩　延壽王菩薩摩訶薩　增福壽菩薩摩訶薩　消災障菩薩摩訶薩　救苦難觀

看注壽生經　又名受生經　真經不虛除了身邊災　免了身邊禍　又說十地菩薩　長壽王

世音菩薩摩訶薩　長安樂菩薩摩訶薩　長歡喜菩薩摩訶薩　解冤結菩薩摩訶薩　福壽

王菩薩摩訶薩　延壽長菩薩摩訶薩　本宅龍神土地罪消滅　滿宅家眷罪消滅　惡口浪

舌罪消滅　殺生害命罪消滅　前生冤業罪消滅　今生冤業罪消滅　前生父母罪消滅　今

生父母罪消滅　又說災星金星　木星　水星　火星　土星　太陽星　太陰星　羅睺星　計都

星　紫炁星　月孛星　懺悔已後　願災星不照　福曜長臨　四時無病　八節無災　若有善

男子善女人(남자선여인) 早納壽生錢(조납수생전) 分明解說(분명해설) 漏貫薄小納在庫中(누관박소납재고중) 庫官收付(고관수부) 至百年命終之後(지백년명종지후)

七七巳前(칠칠이전) 早燒取壽生經(조소취수생경) 救度三世父母七代先亡(구도삼세부모칠대선망) 九族冤魂(구족원혼) 皆得生天(개득생천) 儒流學士(유류학사)

僧尼道俗(승니도속) 或貴或賤(혹귀혹천) 若有善男子善女人(약유선남자선여인) 今生早燒壽生錢(금생조소수생전) 三世富貴(삼세부귀) 今生不燒三世(금생불소삼세)

貧賤(빈천) 後世難得人身(후세난득인신) 縱得為人癱手癱足(종득위인가수가족) 無目跛腰(무목파요) 癡聾瘖瘂(치롱음아) 衣不蓋形(의불개형) 食不充口(식불충구)

被人輕賤(피인경천) 若早燒壽生錢(약조소수생전) 注衣注食注命注祿(주의주식주명주록) 本命星官(본명성관) 本命判官(본명판관) 修羅王事(수라왕사) 天龍(천룡)

八部(팔부) 聞佛所說(문불소설) 皆大歡喜(개대환희) 信受奉行(신수봉행) 佛說壽生經(불설수생경) 即說呪曰(즉설주왈) 天羅呪(천라주) 地羅呪(지라주) 日月(일월)

黃羅呪(황라주) 一切冤家離我身(일체원가리아신) 摩訶般若波羅蜜(마하반야바라밀) 一解冤經(일해원경) 二延壽真言(이연수진언) 三滅五逆之罪(삼멸오역지죄)

誦此經(송차경) 免地獄之罪(면지옥지죄) 便得生天不虛矣(편득생천불허의)

回向(회향) 願以此功德(원이차공덕) 普及於一切(보급어일체) 誦經還庫藏(송경환고장) 消災增福壽(소재증복수)

예수재의문 차서 비교

	1576년 광흥사본 『예수재찬요』	1632년 용복사본 『예수재찬요』	1935년 안진호편 『석문의범』
	通敍因由篇 第一	通敍因由篇 第一	通敍因由篇 第一
	嚴淨八方篇 第二	嚴淨八方篇 第二	嚴淨八方篇 第二
	呪香通序篇 第三	呪香通序篇 第三	呪香通序篇 第三
	呪香供養篇 第四	呪香供養篇 第四	呪香供養篇 第四
사 자 단	召請使者篇 第五	召請使者篇 第五	召諸使者篇 第五
	安位供養篇 第六	安位供養篇 第六	安慰供養篇 第六
	奉送使者篇 第七	奉送使者篇 第七	奉送使者篇 第七
상 위 소 청	召請聖位篇 第八	召請聖位篇 第八	召諸聖位篇 第八
	奉迎赴浴篇 第九	奉迎赴浴篇 第九	奉迎赴浴篇 第九
	讚歎灌浴篇 第十	讚歎灌浴篇 第十	讚歎灌浴篇 第十
	引聖歸位篇 第十一	引聖歸位篇 第十一	引聖歸位篇 第十一
	獻座安位篇 第十二	獻座安位篇 第十二	獻座安位篇 第十二
	(奉茶湯已普禮)	(奉茶湯已普禮)	普禮三寶篇 第十三
중 위 소 청	召請冥府篇 第十三	召請冥府篇 第十三	召諸冥府篇 第十四
	請赴香浴篇 第十四	請赴香浴篇 第十四	請赴香浴篇 第十四
	加持澡浴篇 第十五	加持澡浴篇 第十五	加持澡浴篇 第十五
	×	×	諸聖歇浴篇 第十六
	出浴叅聖篇 第十六	出浴叅聖篇 第十六	出浴參聖篇 第十七
	叅禮聖衆篇 第十七	叅禮聖衆篇 第十七	參禮聖衆篇 第十八
	獻座安位篇 第十八	獻座安位篇 第十八	獻座安位篇 第十九
별 편	×	祈聖加持篇 第十九(別第一)	祈聖加持篇 第二十(別第一)
	×	普伸拜獻篇 第二十(別第二)	普伸拜獻篇 第二十一(別第二)
	×	供聖回向篇 第二十一(別第三)	供聖回向篇 第二十二(別第三)
고사단 소청	召請庫司判官篇 第十九	召請庫司判官篇 第二十二	召請庫司判官篇 第二十三
	普禮三寶篇 第二十	×	普禮三寶篇 第二十四
	受位安坐篇 第二十一	受位安坐篇 第二十三	受位安座篇 第二十五
상위 권공	諸位陳白篇 第二十二	×	諸位陳白篇 第二十六
	加持變供篇 第二十三	×	加持變供篇 第二十七
중위 권공	加持變供篇 第二十四	×	加持變供篇 第二十八
	普伸拜獻篇 第二十五	×	보신배헌편은 위의 편과 合編
고사단	加持變供篇 第二十六	23편 뒤 설명됨.	加持變供篇 第二十九
회 향 편	供聖回向篇 第二十七	×	供聖回向篇 第三十
	敬伸奉送篇 第二十八	敬伸奉送篇 第二十四	敬伸奉送篇 第三十一
	化財受用篇 第二十九	化財受用篇 第二十九	化財受用篇 第三十二
	奉送冥府篇 第三十	奉送冥府篇 第三十	奉送冥府篇 第三十三
	普伸回向篇 第三十一	普伸回向篇 第三十一	普伸回向篇 第三十五
비 고	31편+1(普禮三寶篇)	25편+1(고사단 加持變供篇)	35편+1(普伸拜獻篇)

조전점안 진언 비교

『찬요』(1576), 『영산대회작법절차』(1634), 『오종범음집』(1661), 『석문의범』(1935)

의 식 집	진　　언	진　　언
	조전진언(造錢眞言)	개전진언(開錢眞言)
『예수재찬요』	唵 嚩囉 吽 莎訶	唵 半遮那尼 吽 莎訶
『영산대회작법절차』	唵 阿囉 吽 娑婆訶	唵 遮那尼 吽 娑婆訶
『오종범음집』	唵 阿囉 吽 莎訶	唵 阿遮那尼 莎訶
『석문의범』	唵 婆阿羅 吽 娑婆訶 옴 바아라 훔 사바하	×
본서(『예수재의범』)	옴 바아라 훔 사바하	옴 반자나니 훔 사바하
	성전진언(成錢眞言)	괘전진언(掛錢眞言)
『예수재찬요』	唵 半遮那 吽 沙訶	唵 半遮那 半遮尾 莎訶
『영산대회작법절차』	唵 阿遮那 吽 娑婆訶	唵 鉢闍羅 半遮你 娑婆訶
『오종범음집』	唵 阿遮那 吽 莎訶	唵 鈸囉 伴遮你 莎訶
『석문의범』	唵 半遮那 吽 莎訶 옴 반자나 훔 사바하	唵 半遮那 半遮尼 莎賀 옴 반자나 반자니 사바하
본서(『예수재의범』)	옴 반자나 훔 사바하	옴 발사라 반자니 사바하
	쇄향수진언(灑香水眞言)	헌전진언(獻錢眞言)
『예수재찬요』	唵 嚩囉 擺 吽	唵 阿遮那 吽 莎訶
『영산대회작법절차』	唵 阿囉 吽 娑婆訶	唵 阿遮尼 莎訶
『오종범음집』	×	唵 阿遮尼 莎訶
『석문의범』	唵 縛阿羅 婆 吽 옴 바아라 바 훔	唵 阿遮那 吽 莎賀 옴 아자나 훔 사바하
본서(『예수재의범』)	옴 바아라 바 훔	옴 아자나 훔 사바하
	변성금은전진언(變成金銀錢眞言)	
『예수재찬요』	×	
『영산대회작법절차』	唵 伴遮那 伴遮尼 娑婆訶	
『오종범음집』	唵 半遮那 伴遮尼 莎	
『석문의범』	唵 發娑羅 半遮尼 娑婆訶 옴 발사라 반자니 사바하	
본서(『예수재의범』)	옴 반자나 반자니 사바하	

해사海沙(韓貞美)

동국대학교 문화예술대학원에서 한국음악학 석사, 동방문화대학원대학교에서 불교문예학 박사학위를 받았으며, 국가무형문화재 제50호 영산재 이수자이다. 동방불교대학 범패학과 교수, 옥천범음대학 교수, 동방문화대학원대학교 평생교육원 강사, 동방문화대학원대학교 불교문예연구소 연구원을 역임하였으며, 현재 동국대학교(경주) 불교문화대학 강사, (사)한국불교금강선원 부설 한국문화예술대학 교수로 있다.

저서로『불상점안의식 연구』,『點眼儀式集』이 있고, 주요 논문으로「불교의식의 作法舞 연구」,「佛像點眼儀式에 관한 硏究」,「佛象點眼時 點筆에 나타난 思想과 意義 고찰」,「佛教儀禮舞의 淵源과 甘露幀畵에 나타난 作法舞 고찰」,「범음성梵音聲에 관한 고찰-경전을 중심으로-」,『석문의범』의 삼동결제에 나타난 의례종류와 특징」,「복장의식腹藏儀式의 작법절차에 관한 연구」,「한국불교 동발銅鈸전래와 바라무 전개」 외 다수가 있다.

예수재의범

초판 1쇄 인쇄 2023년 3월 7일 | **초판 1쇄 발행** 2023년 3월 17일
편집 해사 | **펴낸이** 김시열
펴낸곳 도서출판 운주사

(02832) 서울시 성북구 동소문로 67-1 성심빌딩 3층

전화 (02) 926-8361 | 팩스 0505-115-8361

ISBN 978-89-5746-730-5 93220   값 25,000원

http://cafe.daum.net/unjubooks 〈다음카페: 도서출판 운주사〉